LE SYNDROME PRÉMENSTRUEL

mythe pour les uns ?

réalité pour les autres !

Louise Courteau, éditrice inc.
7431, rue Saint-Denis
Montréal, Québec, Canada
H2R 2E5

La réalisation de cet ouvrage a été rendue possible, en partie, grâce au Groupe pharmaceutique Bristol-Myers Squibb Canada Inc.

Typographie : Tapal'oeil

Photo page couverture : Kathy Paradis

Dépôt légal : premier trimestre 1991
Bibliothèque nationale du Québec
Bibliothèque nationale du Canada
Bibliothèque nationale de Paris
Library of Congress, Washington, D.C.

ISBN : 2-89239-135-0

Richard Bergeron, m.d.
Dominique Bourget, m.d.
Pierre Tessier, m.d.
Jocelyne Delage, m.a.

LE SYNDROME PRÉMENSTRUEL

mythe pour les uns ?
réalité pour les autres !

TABLE DES MATIÈRES

Avertissement

Nous avons cité dans ce livre les références au sein du texte ou en note infrapaginale. Afin de faciliter la compréhension des lectrices et lecteurs qui ne sont pas familiers avec la langue anglaise (ou toute autre langue) nous avons traduit les titres d'articles ou de livres ainsi que les noms de journaux et les avons mis entre [ ]. Cette traduction n'est évidemment pas la traduction officielle car ces documents proviennent de pays anglophones ou non bilingues de sorte qu'il n'existe pas de traduction officielle.

Il nous a semblé aussi plus agréable pour les lectrices et lecteurs de trouver entre ( ) et entre { } les explications des termes médicaux qui ne sont pas familiers à la majorité des gens.

Remerciements

Nous désirons remercier bien sincèrement les Drs Guy E. Abraham et William R. Keye qui nous ont gracieusement permis de nous inspirer ou de reproduire de leurs textes et tableaux qui contribuent grandement à la compréhension de ce syndrome prémenstruel qu'ils étudient depuis de nombreuses années et qui est encore trop méconnu.

Nous sommes aussi bien reconnaissants envers Mme Joëlle Messier pour sa précieuse coopération ainsi qu'envers les bibliothécaires du Centre de documentation de l'Hôtel-Dieu de Montréal pour leur chaleureuse collaboration et leur indéfectible accueil.

INTRODUCTION

L'évolution sociale de l'être humain a entraîné un changement à tous les niveaux. L'espérance de vie se trouve augmentée de 20 à 30 ans à cause surtout des percées inattendues de la médecine et de la pharmacologie.

Une nouvelle façon de vivre a engendré une femme et un homme plus modernes et déterminés à profiter de leur présence sur terre.

Parmi les transformations subies par l'être humain, on remarque l'augmentation de la grandeur de la taille et la résistance aux maladies, causées par l'apport de vitamines et de médicaments antibiotiques.

On note aussi, chez la femme, une période de fertilité plus grande. En 1945, la ménarche (apparition des premières menstruations) survenait vers 14-15 ans alors qu'en 1985, elle se déclenche vers 10-11 ans. Il en est de même pour la ménopause (fin de l'activité ovarienne et arrêt des menstruations) puisqu'en 1945, elle commençait vers 35-40 ans et qu'en 1985, elle ne s'effectuait que vers 50-52 ans. On peut en conclure à une transition évidente.

Tout comme le fonctionnement du corps s'est développé, les idées se sont affinées et sophistiquées.

Jadis, la femme menstruée, qui se plaignait de malaises quand ce n'était pas tout bonnement de maux, était taxée d'hystérique. Hystérique, parce que ce terme dérive du grec *usteron* qui signifie *utérus*. Donc, comme l'homme, qui n'avait pas d'utérus, n'était pas menstrué et ne pouvait expérimenter de tels symptômes, n'était pas sujet à ce malfonctionnement, il semblait normal de traiter ces doléances de lubies de femmes, d'hystérie, de gestes ou attitudes maladives utilisées par les femmes pour attirer l'attention sur elles-mêmes.

Déjà **Pline l'Ancien** (23 ap. J.-C.-79), un naturaliste et écrivain latin, avait écrit dans son *Histoire naturelle* au sujet des menstruations que *le toucher de la femme menstruée tournait le vin en vinaigre, détruisait les récoltes, tuait les semis, anéantissait les jardins, faisait tomber les fruits des arbres, ternissait les miroirs, émoussait l'acuité de l'acier, délustrait l'ivoire, rouillait le bronze et le fer, tuait les abeilles, faisait avorter les juments et ainsi de suite.*

Puis, au VIe siècle av. J.-C., **Simonide de Céos** (556-467 av. J.-C.), un poète lyrique, avait comparé la femme menstruée à la mer : douce et belle à regarder et à côtoyer, mais certains jours, insupportable à regarder ou à côtoyer.

Par ailleurs, au XIXe siècle, **Jules Michelet** (1798-1874), un historien français, décrivait la menstruation comme une « tragédie » qui faisait de chaque femme une invalide de 15 à 20 jours pendant le mois...

Toujours au XIXe siècle, **Richard von Krafft-Ebing** (1840-1902), un psychiatre allemand, auteur, en 1886, d'un ouvrage réputé *Psychopathia sexualis* [Psychopathologie sexuelle], écrit qu'une femme menstruée est indisposée et qu'un juge doit tenir compte de sa perturbation psychologique.

Influencés par ces commentaires et une kyrielle d'autres que nous n'avons pas rapportés, ainsi que par leur expérience personnelle, les médecins se sont fait une idée. La prise de position médicale (les médecins étaient surtout des hommes) était même partagée par les femmes qui avaient le bonheur de ne pas ressentir de tels symptômes et qui ne comprenaient donc pas la réaction de leurs semblables.

La psychanalyse et ses vues sur l'hystérie a continué à ancrer de telles idées, et ce n'est que depuis 1931 que se sont élevées des voix, faibles d'abord et peu respectées, mais qui, ayant été entérinées par d'autres au fil des temps, font qu'en cette dernière décennie du XXe siècle, on est un peu plus au fait de la véritable situation que vivent une trop grande proportion de femmes.

Mais même aujourd'hui, il arrive que les femmes qui souffrent du syndrome prémenstruel (SPM) et qui expliquent à leur médecin les symptômes qu'elles ressentent, aient à faire face à beaucoup de scepticisme. Le médecin s'empresse de les rassurer, excluant toute pathologie grave et leur disant que tout est dans leur tête. Pourtant, le SPM est reconnu comme une entité clinique réelle. On le décrit comme un désordre psychoneuroendocrinien caractérisé par une multitude de symptômes reliés au cycle menstruel. Le SPM est un désordre qui n'est pas rencontré seulement en pratique gynécologique mais aussi en médecine générale et en psychiatrie.

Disons que le SPM est une entité clinique somatopsychique (touchant à la fois le corps et l'esprit) qui amène des symptômes physiques en relation avec le cycle menstruel et provoque des changements au niveau de l'humeur et du comportement, lesquels perturbent réellement le fonctionnement social ou professionnel. Les symptômes apparaissent pendant la dernière semaine de la phase lutéale (phase qui suit l'ovulation), augmentent en intensité pendant la période prémenstruelle et disparaissent dans les premiers jours de la phase folliculaire (phase qui précède l'ovulation), c'est-à-dire quelques jours après le début des menstruations (voir tableau 4, p. 58).

Plus de 150 symptômes ont été associés au SPM. Plusieurs définitions apparaissent dans la littérature médicale. Essentiellement, le SPM se caractérise par sa cyclicité (il revient avec chaque menstruation) et par la relation entre l'apparition des symptômes et le temps des menstruations. On rencontre cet ensemble de symptômes somatopsychiques chez un pourcentage élevé de femmes en âge de reproduction. Il semble même que 84 % des crimes imputés aux femmes aient été commis avant ou pendant les menstruations...

Un gynécologue-obstétricien, spécialisé en endocrinologie de la *UCLA School of Medicine* [École de médecine de l'Université de Californie à Los Angeles] (voir p. 31), le Dr **Guy E. Abraham**, rapporte les différents noms dont a été affublé le SPM :

- intoxication prémenstruelle
- hyperinsulinisme des règles
- toxémie aqueuse prémenstruelle
- mélancolie des menstruations
- syndrome de la sorcière
- psychose menstruelle
- dysphorie hystéroïde
- dysphorie prémenstruelle.

On croyait, avant que les recherches commencent vraiment, que le SPM frappait surtout et plus durement les femmes instables émotionnellement. Pourtant, il semble que la véritable cause des troubles prémenstruels soit les fluctuations de l'activité ovarienne.

Il reste que bon nombre de chercheurs ne savent pas au juste s'il s'agit d'un trouble physique ayant des manifestations psychologiques ou bien d'un trouble psychiatrique. Il nous semble que l'approche biopsychosociale dont nous parlerons plus en détail au chapitre 4 serait une manière réaliste de considérer le SPM.

De nombreuses étiologies ont été suggérées, mais, actuellement, aucun marqueur physiologique ou endocrinien n'a été trouvé responsable de ce syndrome. Les traitements administrés à ces patientes ont souvent été faits de façon empirique et les résultats ont été décevants. De nouvelles perspectives de recherche pointent à l'horizon et nous permettent d'espérer que les chercheurs se pencheront sérieusement sur ce problème et pourront trouver les remèdes ou moyens de remédier à cet état de choses dans les années à venir.

Afin de bien expliquer ce processus complexe qu'est le SPM, nous ferons un court historique du SPM, puis nous exposerons ce qu'est :

- l'anatomie féminine
- le cycle menstruel
- les symptômes du SPM
- les tests de dépistage du SPM
- le diagnostic du SPM
- les implications médicolégales du SPM
- les causes du SPM
- les traitements du SPM.

Chapitre 1

L'histoire du syndrome prémenstruel

Connu par la femme depuis l'origine des temps et reconnu depuis des siècles par des cliniciens, dont **Hippocrate**, qui parlait à ce sujet de l'*agitation du sang cherchant à s'échapper de l'utérus*, le SPM n'a été décrit sérieusement et accepté comme véritable problème médical, pour la première fois, qu'en 1931. Un grand nombre de médecins se sont ensuite penchés sur ce trouble : nous vous rapportons en gros les propos de certains de ceux qui nous semblent avoir transmis des vues nouvelles sur le sujet.

C'est le Dr **Robert Tilden Frank**, un gynécologue new-yorkais, qui en a révélé, de façon plus structurée, plusieurs manifestations et symptômes dans un article intitulé "*The hormonal causes of premenstrual tension*"

(Les causes hormonales de la tension prémenstruelle)[1]. Cet article fut d'abord lu à une réunion de la section de neurologie et de psychiatrie de la *New York Academy of Medicine* [Académie de médecine de New York] le 10 février 1931.

Frank note comme symptômes, chez la majorité des femmes, une fatigue accrue, de l'irritabilité, un manque de concentration et des attaques de douleur. Chez certaines d'entre elles, les symptômes sont plus graves : parmi les cas spéciaux, suivis pendant deux à deux ans et demi, il remarque chez une de ses patientes que la période prémenstruelle déclenchait des convulsions ; après examen, il diagnostique une épilepsie idiopathique qu'il réussit à contrôler par une röntgenthérapie[2] des ovaires ; une autre de ses patientes faisait de l'asthme dont les attaques survenaient à la période prémenstruelle : la röntgenthérapie des ovaires a assuré une aménorrhée (absence de menstruations) et la fin des attaques d'asthme pendant deux ans et demie.

Les deux cas soumis par le Dr Frank visaient à démontrer l'étroite connexion entre le fonctionnement des ovaires et des autres systèmes organiques.

Le Dr Frank a été frappé par la tension indescriptible qui étreignait certaines femmes de sept à dix jours

---

[1] Paru dans la revue *Archives of Neurology and Psychiatry* [Archives de neurologie et de psychiatrie], vol. 26, 1931, p. 1053 à 1057.

[2] Thérapie par administration de rayons Röntgen : on dit aussi radiothérapie.

précédant les menstruations. Accompagnaient cette tension, de l'inquiétude, de l'irritabilité, un désir de « sortir de leur peau » et de se libérer en commettant des actes insensés, imprudents ou répréhensibles et des méfaits. Les femmes en question se rendent compte de leur état et s'en sentent coupables vis-à-vis de leur conjoint, de leurs enfants et de leur entourage. C'est le plus souvent le début de l'écoulement menstruel qui met fin à leur malaise : en dedans d'une à deux heures, la plupart d'entre elles redeviennent elles-mêmes.

Chez une de ses patientes qui présentait des idées suicidaires et avait des manifestations hystéroépileptiques, une prise de sang révéla deux fois la dose d'hormones sexuelles habituellement retrouvées pendant la période prémenstruelle normale. Voyant qu'une ponction de 80 cc de sang faisait disparaître la tension, on lui administra une röntgenthérapie des ovaires et les symptômes disparurent en même temps que les menstruations, de même que l'excès d'hormones sexuelles.

Chez une autre femme, de l'œdème (eau accumulée dans les tissus) surtout de la figure, des mains et des pieds et une rétention urinaire mirent en lumière l'absence d'excrétion des hormones sexuelles : une femme normale en excrète de 1 500 à 3 000 unités-souris[3] alors que celle-ci n'en émettait que 300 unités-souris.

---

[3] Ancienne unité de standardisation des œstrogènes, actuellement abandonnée puisque ceux-ci sont maintenant obtenus par synthèse et peuvent être dosés ; l'unité-souris était la plus

Selon le Dr Frank, ce dernier cas mettait en évidence que non seulement on doit prendre en considération la quantité d'hormones libérées par les ovaires, mais aussi la quantité et la vitesse de leur excrétion par l'urine. Ainsi, si une personne libère peu d'hormones sexuelles et qu'elle ne les excrète pas rapidement, elle sera mieux qu'une personne qui en libère beaucoup plus mais qui les excrète trop rapidement par l'urine.

C'est pourquoi, il mesura le taux d'œstrogène chez les femmes menstruées ; chez celles qui en avaient plus dans le sang et moins dans l'urine, il conclut que les reins fonctionnaient mal pendant cette période. Il leur prescrivit donc soit :

- du lactate de calcium (sédatif) pour excréter l'hormone sexuelle par les intestins

- du lactate de calcium (sédatif) pour excréter l'hormone sexuelle par les intestins, accompagné de thé ou de café (excitant) pour éliminer les hormones dans la circulation

- de la théobromine-salicylate de sodium (diurétique {qui augmente la sécrétion urinaire} et stimulateur du système nerveux)

---

petite quantité de l'hormone (œstrogène ou hormone féminine) produisant l'œstrus (période de rut {activité sexuelle de l'animal}, correspondant à l'ovulation pendant laquelle une femelle est fécondable) qui causait chez la souris ovariectomisée (dont on a enlevé les ovaires) un changement caractéristique de l'épithélium vaginal.

- du café (excitant) en plus grande quantité
- du citrate de magnésium (laxatif salin) pour améliorer le fonctionnement des reins et des intestins.

Ces substances n'étaient prescrites qu'au plus fort de la tension car elles entraînaient une perte de poids qui pouvait être nocive aux patientes déjà amaigries.

Si ces « remèdes » ne donnaient pas trop de résultats, il recommandait la röntgenthérapie pour empêcher le fonctionnement des ovaires.

En conclusion, il était porté à croire qu'un excès d'hormones sexuelles féminines continuellement dans le sang provoquait, chez les patientes labiles (sujettes à des états émotifs très changeants), de graves symptômes cardiovasculaires, psychiques ou nerveux.

Ces attaques mensuelles, le plus souvent, sont incapacitantes et conduisent à la tristesse et la discorde familiale.

C'est la raison pour laquelle, à l'époque, Frank proposait l'arrêt des menstruations par röntgenthérapie pour contrôler ces manifestations.

En 1941, le Dr **Laman A. Gray** dans une étude intitulée "*The use of progesterone in nervous tension states*"[4] [L'utilisation de la progestérone pour les états de tension nerveuse] recommande des injections de

---

[4] Parue dans le *Southern Medical Journal* [Journal médical du Sud], vol. 34, nº 9, 1941, p. 1004 à 1006.

progestérone à ses patientes que n'aidait pas la psychothérapie. D'après lui, le SPM n'était pas seulement un trouble psychiatrique mais un trouble endocrino-psychiatrique que contrôlait la progestérone.

Un autre médecin, le Dr **Morton S. Biskind**, un endocrinologue, s'intéressa au SPM, en 1943, et écrivit, entre autres, deux articles : "*Nutritional deficiency in the etiology of menorrhagia, metrorrhagia, cystic mastitis, and premenstrual tension*"[5] [Déficience nutritive dans l'étiologie de la ménorragie, {menstruations abondantes et prolongées}, de la métrorragie, {hémorragie de l'utérus entre les menstruations ou après la ménopause, indépendamment de toute menstruation}, de la mastite {inflammation des seins} kystique {par des kystes} et tension prémenstruelle] et "*Nutritional deficiency in the etiology of menorrhagia, metrorrhagia, cystic mastitis, and premenstrual tension ; treatment with vitamin B complex*"[6] [Déficience nutritive dans l'étiologie de la ménorragie, de la métrorragie,de la mastite kystique et de la tension prémenstruelle ; traitement avec un complexe vitaminique B].

On avait constaté par l'expérimentation sur l'animal, qu'en l'absence de vitamine B, le foie perdait sa capacité d'inactiver les œstrogènes mais non celle

---

[5] Rédigé avec Gerson R. Biskind et Leonard Biskind, paru dans *Surgery, Gynecology and Obstetrics* [Chirurgie, gynécologie et obstétrique], vol. 78, nº 1, janvier 1944, p. 49 à 57.

[6] Paru dans *The Journal of Clinical Endocrinology and Metabolism* [Le Journal d'endocrinologie et de métabolisme clinique], vol. 3, nº 4, avril 1943, p. 227 à 234.

d'inactiver les androgènes, ce qui entraîne de sérieuses perturbations de l'équilibre œstrogènes-androgènes (voir p. 48). C'est ce qui a conduit le Dr Biskind à examiner si une déficience nutritive pouvait donner de la ménorragie, de la métrorragie, des douleurs aux seins, de la tension prémenstruelle, ou ces symptômes dans leur ensemble ou en partie.

On sait par ailleurs qu'une prolifération d'œstrogènes peut causer une déficience de vitamine B.

Observant les symptômes de ses patientes, le Dr Biskind remarqua qu'ils étaient semblables à ceux de personnes souffrant de déficience de la vitamine B (notamment, une maladie fibrokystique des seins {présence de bosses non cancéreuses dans les seins}, des fibromes utérins {tumeurs non cancéreuses de l'utérus} et un saignement très abondant pendant les menstruations).

Il donna donc à ses patientes de la vitamine B et leur conseilla aussi de prendre :

- de la levure de bière
- des extraits de son de riz,

et leur santé s'en trouva améliorée.

Puis, un psychiatre, le Dr **Linford Rees**, en 1953, constata, dans un article intitulé "*The premenstrual tension syndrome and its treatment*"[7] [Le syndrome

---

[7] Paru dans le *British Medical Journal* [Journal médical britannique], vol. 1, mai 1953, p. 1014 à 1016.

de tension prémenstruelle et son traitement], entre autres causes du SPM, la présence de stress. Il suggéra de soigner ces patientes, **qu'on ne devait pas traiter de « folles »**, insista-t-il, d'une façon médicale sensée.

Selon lui, le SPM se caractérise par une tension générale marquée par de l'irritabilité et, l'un, quelques-uns ou tous les symptômes suivants : anxiété, dépression, ballonnement du ventre, gonflement des tissus sous-cutanés, nausées, fatigue, gonflement et sensibilité des seins, maux de tête, étourdissements ou palpitations, ou encore désir sexuel augmenté, soif excessive, appétit augmenté et sommeil prolongé. Il dit que ces symptômes peuvent commencer de 14 à 7 jours avant les menstruations, que le SPM peut perturber le travail et les activités sociales et peut être incapacitant.

Il opine pour la théorie selon laquelle le SPM est dû à une absence de progestérones, ce qui ne contrôle pas les œstrogènes pendant la deuxième partie du cycle menstruel. Comme on sait que les œstrogènes entraînent la rétention de sel et d'eau, beaucoup de patientes gagnent du poids (de 1/2 à 4 kg ou 2 à 9 lb) qu'elles perdent lorsque commence l'écoulement des menstruations.

Ce médecin préconise donc :

- de la psychothérapie
- une explication et une éducation
- des diurétiques pour éliminer l'eau et l'agent nocif
- des progestérones pour compenser leur absence et leur permettre d'équilibrer les œstrogènes

- des androgènes pour contrer l'action des œstrogènes.

Puis, une femme médecin anglaise, le Dr **Katharina Dalton**, a écrit plusieurs articles, et un livre dans les années 50, réédité régulièrement depuis, qui se nomme *The Premenstrual Syndrome and Progesterone Therapy*[8] [Le syndrome prémenstruel et la thérapie de progestérones].

Dans un article "*The premenstrual syndrome*"[9] [Le syndrome prémenstruel], elle mentionne que le SPM est le plus fréquent des troubles endocriniens mineurs. Selon elle, se référer au syndrome prémenstruel comme tension prémenstruelle, à l'exemple du Dr Frank et de ses disciples, ne rend pas vraiment compte du problème, parce que certaines femmes n'éprouvent aucune tension ou que, si elles en éprouvent, c'est une tension insignifiante comparée aux autres perturbations qu'occasionne le SPM. Aussi insiste-t-elle pour appeler ce trouble « **syndrome** ».

De la même façon, l'épithète « prémenstruel » lui semble trop restrictive car beaucoup des symptômes peuvent continuer pendant et après les menstruations. Toutefois, malgré ses imperfections, l'expression « **syndrome prémenstruel** » l'emporta pour qualifier ce désordre.

---

[8] Publié chez Heinemann, Londres, en 1984.

[9] Publié dans le *British Medical Journal* [Journal médical britannique], vol. 1, n° 4818, 9 mai 1953, p. 1007 à 1013, avec la collaboration du Dr Raymond Greene.

Selon le Dr Dalton, *le SPM est un syndrome récurrent qui consiste en certains symptômes, survenant au moment de l'ovulation, augmentant pendant la période prémenstruelle et décroissant pendant les menstruations ; d'une menstruation à l'ovulation suivante, il y a absence complète de symptômes. Le SPM est une maladie physique et par conséquent une maladie de l'esprit car, comme le métabolisme corporel est déstabilisé, il déstabilise le fonctionnement mental.*

Elle recommande une thérapie de progestérones par voie orale d'abord, puis par injection ou finalement au moyen d'implants.

Quant au Dr **Joseph H. Morton**, un gynécologue-obstétricien devenu endocrinoloque, il a fait valoir, en 1950, un autre point de vue dans un article intitulé : "*Premenstrual tension*"[10] [Tension prémenstruelle] ; son expérimentation lui fait découvrir que le SPM cause de l'hypoglycémie (manque de sucre dans l'organisme) qui porte les patientes à manger, à se goinfrer de sucreries, qui leur donne des tremblements et qui entraîne de la fatigue et de la faiblesse, lesquelles peuvent déclencher une névrose d'angoisse.

Le traitement qu'il préconise pour le SPM est l'emploi de gonadotrophines[11] chorioniques[12] et ceci afin

---

[10] Publié dans le *American Journal of Obstetrics and Gynecology* [Journal américain d'obstétrique et de gynécologie], vol. 60, nº 2, août 1950, p. 1182 à 1191.

[11] Une gonadotrophine est toute hormone agissant sur le développement et l'activité des gonades.

[12] Glucoprotéine sécrétée par le chorion (membrane extérieure de l'œuf), puis le placenta, au cours de la grossesse.

d'augmenter la sécrétion de progestérones et d'ainsi corriger le déséquilibre œstrogènes-progestérones ; à ce médicament, il ajoutait un diurétique (médicament qui augmente l'émission de l'urine), un antispasmodique (médicament qui combat les spasmes et les convulsions), des extraits de thyroïde, ainsi qu'un régime alimentaire spécial. Seulement pour quelques patientes de ce médecin les symptômes de SPM furent améliorés par le complexe vitaminique B.

En 1980, le Dr **Guy E. Abraham**, un gynécologue et endocrinologue de la reproduction, devant les symptômes du SPM, préconise un régime alimentaire différent.

Comme on peut le constater dans deux de ses articles : "*Premenstrual tension*"[13] [Tension prémenstruelle] et "*Nutritional factors in the etiology of the premenstrual syndrome*"[14] [Facteurs nutritifs dans l'étiologie du syndrome prémenstruel], le SPM peut revêtir quatre apparences :

- SPM-A (*PMT-A : Premenstrual Tension-A* {ou *Anxiety* : en français : tension prémenstruelle-anxiété}), la plus fréquente, se caractérise, avant les menstruations, par de l'anxiété, de l'irritation, de la tension

---

[13] Publié dans *Current Problems in Obstetrics and Gynecology* [Problèmes courants en obstétrique et en gynécologie], vol. 3, n° 12, août 1980.

[14] Publié dans *The Journal of Reproductive Medicine* [Le Journal de médecine reproductive], vol. 28, n° 7, juillet 1983, p. 446 à 565.

nerveuse et quelquefois une dépression légère ou modérée ;

- SPM-H (*PMT-H : Premenstrual Tension-H* {ou *Hyper-hydration* : en français : tension prémenstruelle-hyperhydratation, c.-à-d. trop d'eau dans les tissus}), la deuxième plus fréquente, se caractérise, avant les menstruations, par un gain de poids, un gonflement et un mal de ventre, un gonflement et un mal des seins et quelquefois un œdème de la figure et des extrémités ;

- SPM-C[15] (*PMT-C : Premenstrual Tension-C* {ou *Carbohydrates* : en français : tension prémenstruelle-hydrates de carbone}), se caractérise, avant les menstruations, par un appétit augmenté, une fringale pour les sucreries d'où l'ingestion d'une grande quantité de sucre raffiné, qui peut entraîner, quelques heures après, des évanouissements, de la fatigue, des palpitations et un mal de tête ;

- SPM-D (*PMT-D : Premenstrual Tension-D* {ou *Depression* : en français : tension prémenstruelle-dépression}), se caractérise, avant les menstruations, par une dépression, un repli sur soi-même, des pensées suicidaires suivis par une tentative de suicide, de la léthargie, de la confusion, de l'incohérence et de la difficulté à verbaliser (exprimer ses pensées en paroles).

---

[15] Nous gardons, en français, le « C » pour désigner le groupe d'hydrates de carbone car le « H » est déjà utilisé pour le deuxième groupe.

Le Dr Abraham, se basant sur les observations de ses prédécesseurs médicaux et sur une formule nutritive mise au point par **Lydia Pinkham**[16] une américaine de Lynn au Massachusetts : le mélange végétarien Lydia Pinkham qui comprenait des herbes, des racines, de la vitamine B_1, des légumes, de l'eau et 15 % d'éthanol, mit au point un supplément vitaminique l'*Optivite*. Son « remède » contenait de la vitamine B_6 en grande quantité, du magnésium et d'autres micronutriments en quantité suffisante pour répondre aux doses alimentaires quotidiennes recommandées, sauf pour le calcium et la vitamine D, parce que le calcium bloque l'absorption du magnésium et que les personnes souffrant de SPM manquent justement de magnésium.

D'après lui, la thérapie de progestérones ne serait indiquée que pour les femmes souffrant de la première forme de SPM, soit le SPM-A.

Certains chercheurs, dont les Drs **Robert L. Reid** et **S.S.C. Yen**, en 1981, attribuent le SPM, qu'ils considèrent comme un dysfonctionnement psychoneuroendocrinien, à des changements neuroendocriniens au sein de l'axe hypothalamopituitaire[17] Ils avancent *qu'à cause autant de la sensibilité de la phase lutéale*

---

[16] Document rédigé par S. Stage : *Female Complaints : Lydia Pinkham and the Business of Women's Medicine* [Plaintes féminines : Lydia Pinkham et l'affaire de la médecine des femmes], W.W. Norton, New York, 1979.

[17] REID, Robert L. et YEN, S.S.C. "*Premenstrual syndrome*" [Syndrome prémenstruel], *American Journal of Obstetrics and Gynecology* [Journal américain d'obstétrique et de gynécologie], vol. 139, no 1, janvier 1981, p. 85 à 104.

aux effets centraux des neuropeptides ß-endorphines (une sorte de neuromédiateur naturel de l'analgésie) et de l'hormone mélanotrope (qui influence la formation de la mélanine ou pigment de la peau) [MSH : melanocyte stimulating hormone {hormone-mélanocytostimulante*}],* il résulte une cascade de changements neuroendocriniens au sein du complexe hypothalamopituitaire cérébral. La modulation de la fonction des neurotransmetteurs par ces peptides peut déclencher des perturbations de l'humeur et du comportement de même qu'augmenter la libération pituitaire de prolactine (hormones lutéotropes[18]) et de vasopressine (hormones antidiurétiques[19]).

D'autres chercheurs donnent comme causes possibles du SPM :

- un niveau d'œstrogènes excessif
- une déficience de vitamine B_6
- un changement du métabolisme glucosique.

Tous s'entendent toutefois maintenant, pour trouver qu'un phénomène **physiologique**, quel qu'il soit, est responsable du SPM plutôt que de le rapporter à des causes **psychologiques**.

Cependant, on s'accorde à reconnaître que le désordre physique entraînant les troubles prémenstruels, engendre aussi des troubles de l'esprit. C'est la raison

---

[18] Qui favorise la croissance des seins, la fabrication du lait et qui jouerait un rôle dans la sécrétion de la progestérone.

[19] Qui diminue le flot sanguin utérin par l'action vasoconstrictive directe sur les vaisseaux utérins.

pour laquelle, dans le DMS-III-R[20] on l'a décrit en annexe, en 1987, sous le titre de Trouble dysphorique[21] de la phase lutéale tardive ; en voici les critères diagnostiques :

Critères diagnostiques du Trouble dysphorique de la phase lutéale tardive

---

Tableau 1

A. Dans la majorité des cycles menstruels de la dernière année, les symptômes énumérés en B. surviennent pendant la dernière semaine de la phase lutéale et disparaissent quelques jours après le début de la phase folliculaire. Chez les femmes menstruées, ces phases correspondent à la semaine qui précède et aux quelques jours qui suivent le début des menstruations. (Chez les femmes non menstruées ayant eu une hystérectomie {enlèvement de l'utérus}, le temps de survenue des phases lutéales et folliculaires peut requérir la mesure des hormones reproductives en circulation.)

B. Au moins cinq (5) des symptômes suivants ont été présents la plupart du temps pendant chacune des

---

[20] *Diagnostic and Statistical Manual of Mental Disorders-IIIrd Edition-Revised* [Manuel diagnostique et statistique des troubles mentaux, IIIe édition-Révisée], *American Psychiatric Association* [Association psychiatrique américaine], Washington, 1987.

[21] La dysphorie consiste en une instabilité de l'humeur accompagnée de malaises, anxiété et réactions coléreuses fréquentes.

phases lutéales tardives symptomatiques et au moins un (1) des symptômes 1., 2., 3. ou 4. :

I. labilité émotionnelle marquée, p. ex. : se sentir soudain triste, au bord des larmes, irritable ou fâchée

2. colère ou irritabilité persistantes et marquées

3. anxiété ou tension marquée, sentiments d'être surexcité ou d'avoir les nerfs à vif

4. humeur dépressive, sentiments de désespoir ou pensées autodépréciatives marquées

5. intérêt diminué pour les activités habituelles, p. ex. : au travail, auprès des amis, pendant les passe-temps

6. fatigabilité facile ou manque d'énergie marquée

7. sentiment subjectif de troubles de concentration

8. changement marqué de l'appétit, boulimie (excès alimentaires) ou fringales alimentaires spécifiques

9. sommeil prolongé ou sommeil raccourci ou absent

10. autres symptômes physiques tels que sensibilité des seins, gonflement des seins, mal de tête, mal des muscles ou des articulations, sensation de gonflement et gain de poids.

C. Ce désordre interfère grandement avec le travail, les activités sociales habituelles ou les relations habituelles avec les autres.

D. Ce désordre n'est pas simplement une exacerbation de symptômes d'un autre trouble comme la dépression majeure, le trouble de panique, la dysthymie ou un trouble de la personnalité (bien qu'il puisse se greffer à chacun de ces troubles).

E. Les critères A., B., C. et D. confirmés par une autoévaluation quotidienne prospective pendant au moins deux (2) cycles symptomatiques. (Le diagnostic peut être fait sous toutes réserves en attendant cette confirmation.)

En France, on reconnaît que le SPM est une cause d'insanité temporaire. On lui impute des dysharmonies maritales, des battages d'enfants, des comportements criminels, des accidents et des tentatives de suicide. Katharina Dalton a révélé que le suicide de la femme était sept (7) fois plus fréquent dans la deuxième partie du cycle menstruel que dans la première...

Au point de vue médicolégal, on trouve très important de faire la lumière sur la fréquence de survenue de comportements violents lors du SPM. À la suite de deux cas de meurtres, en Angleterre, en 1980 et 1982, on a pu clairement montrer que la thérapie de progestérones était la seule façon de contrôler la violence de deux femmes différentes, coupables finalement d'homicide involontaire. Nous verrons ceci plus en détail p. 113 à 115.

Afin de bien comprendre ce qui se passe au juste chez la femme pendant cette période cyclique, nous présenterons brièvement l'anatomie féminine, puis le fonctionnement du cycle menstruel.

Chapitre 2

L'anatomie féminine

L'anatomie humaine

Le corps humain se compose de la tête et du tronc. Au tronc se rattachent des membres. Revêtu de peau, le corps comporte, sous cette enveloppe, des muscles, des os et des organes. Le tronc à son tour se divise en deux parties : le thorax et l'abdomen. Le thorax renferme, entre autres, les organes de la respiration que sont les poumons, la trachée et le cœur.

L'abdomen contient des organes digestifs, excréteurs (reins) et reproducteurs ou génitaux. Mais, règle générale, on divise les organes du corps selon les trois fonctions suivantes :

I. ***les fonctions de relation***
assurées par les systèmes osseux, musculaires, nerveux et l'appareil sensoriel qui regroupe les yeux, les oreilles, le nez, la langue et la peau ;

2. ***les fonctions de nutrition***
prises en charge par les appareils digestif, circulatoire, respiratoire et urinaire ;

3. ***les fonctions de reproduction***
assumées par les organes génitaux mâle et femelle.

Les menstruations qui sont à l'origine du syndrome prémenstruel sont directement reliées aux fonctions de reproduction, car elles permettent de préparer le terrain pour la nidation de l'ovule ou œuf embryonnaire. Cependant, comme nous le verrons, les autres fonctions sont aussi importantes eu égard au syndrome prémenstruel. Définissons d'abord l'appareil génital féminin et les cellules reproductrices, puis, au chapitre 3, le cycle menstruel de la femme qui prépare à la reproduction de l'espèce.

L'appareil génital féminin

L'***appareil génital féminin*** comprend deux glandes, les ***ovaires***, dont les canaux évacuateurs se nomment ***oviductes***. Chaque oviducte comporte une partie évasée, le ***pavillon***, qui s'amenuise en un fin canal nommé ***trompe de Fallope*** ou trompe utérine. C'est l'oviducte qui recueille, par l'intermédiaire du pavillon, les ovules que produisent les ovaires et qui leur permet de passer à travers les trompes utérines qui s'élargissent en l'***utérus***. L'utérus s'ouvre sur le ***vagin***, organe qui sert à l'accouplement et ce dernier se termine par la ***vulve***. Des glandes accessoires font partie de l'appareil génital féminin : ce sont les ***glandes de Bartholin*** qui produisent des sécrétions utiles pendant l'accouplement et la *prostate* qui permet l'éjaculation féminine[22].

Les parties génitales sont les suivantes :

vagin : passage donnant accès au col de l'utérus ; il peut s'agrandir en hauteur et en profondeur ; il est tapissé d'une muqueuse plissée qui s'étire au besoin pour le passage d'un nouveau-né ou se rétrécit selon la grosseur du pénis qui y pénètre ;

vulve : extérieur des parties génitales féminines ; elle est recouverte de poils ;

lèvres **:** il y en a deux sortes, les grandes et les petites ; les *grandes lèvres* se composent de peau à l'extérieur et de muqueuse à l'intérieur ; les *petites lèvres* sont moins externes et plus minces que les grandes lèvres ; elles abritent de nombreux vaisseaux sanguins et terminaisons nerveuses ; lors de l'excitation sexuelle, les vaisseaux se remplissent de sang et les lèvres gonflent et deviennent rouge foncé ;

clitoris : de la grosseur d'un pois, il comprend une *tête* et *gland* ; le gland est mobile et peut connaître une érection lors de l'excitation sexuelle ; il est situé au haut des lèvres ;

---

22 LOWNDES SEVELY, Josephine. *Eve's Secrets: A New Theory of Female Sexuality*, Random House, New York, 1987.

hymen : mince membrane recouvrant partiellement l'ouverture vaginale ;

col de l'utérus : ouverture de l'utérus, donnant sur le vagin ;

utérus : organe musculaire creux servant à contenir l'œuf fécondé pendant son développement et à l'expulser à la fin de la grossesse ; il se relie, à sa partie supérieure, aux trompes de Fallope ;

trompes de Fallope : deux conduits reliant l'utérus et les ovaires et servant à acheminer les ovules jusqu'à l'utérus ; c'est dans une trompe de Fallope qu'un spermatozoïde vient féconder un ovule ;

ovaires : les deux glandes de reproduction de la femme situées près des trompes de Fallope ; elles produisent deux sortes d'hormones féminines : les *œstrogènes* et les *progestérones* qui contrôlent le développement des seins, le cycle menstruel ainsi que la préparation et le soutien nécessaire à la grossesse ; elles contiennent les milliers d'ovules qui mûrissent, un par mois, et sont éjectés dans une trompe de Fallope, ce qui constitue l' ovulation.

Pour qu'il y ait reproduction de l'espèce, il faut que les cellules reproductrices mâle et femelle se rencontrent. Ceci se produit lors d'un coït ou relation sexuelle alors que le pénis est introduit dans le vagin ; la fécondation peut résulter de cet acte. Le produit de la fécondation est un ***œuf*** dit aussi ***ovule*** ou ovocyte.

En vue de permettre à un spermatozoïde de féconder un ovule, il faut que l'appareil reproducteur mâle, le pénis, mais surtout le liquide fécondateur contenant des spermatozoïdes ou liquide séminal entre en contact avec les sécrétions de l'appareil fécondateur féminin.

Propulsé par ses mouvements propres et par ceux de l'utérus, le spermatozoïde peut alors atteindre les trompes de Fallope et y féconder un ovule. Ce dernier entre alors en activité, descend dans l'utérus, s'y implante (nidation) et commence à se développer.

Les cellules reproductrices

Le spermatozoïde

Ce que l'on appelle le spermatozoïde est la cellule reproductrice masculine. Elle se compose d'un *noyau* et d'un *long filament*. Dès que le jeune homme atteint sa maturité pubertaire, les testicules produisent des spermatozoïdes.

L'ovule

Ce que l'on appelle l'***ovule*** est la cellule reproductrice de la femme. Il est rond et mesure 0,2 mm, soit quatre fois la longueur d'un spermatozoïde. C'est la plus grande cellule du corps humain. Elle existe en grand nombre (400 000) chez la petite fille dès sa naissance. À partir de la puberté, un ovule est émis à chaque mois. Ce phénomène ne se produit pas nécessairement dès que les menstruations deviennent régulières mais plutôt lorsque le système de reproduction atteint sa maturité.

La *fécondation* est l'acte par lequel un ovule se transforme en embryon. Elle résulte de la rencontre entre un ovule et un spermatozoïde.

C'est le spermatozoïde, croit-on, qui détermine le sexe de l'embryon. Dans un spermatozoïde, on trouve 23 chromosomes dont 1 seul est un chromosome sexuel : ce dernier peut être un X ou un Y. Dans un ovule, on trouve 23 chromosomes dont 1 seul est un chromosome sexuel : c'est un X. Si c'est le X du père qui rencontre le X de la mère, l'enfant sera une fille ; si, au contraire, c'est le Y qui féconde, l'enfant sera un garçon.

Le chromosome

Dans le noyau de la cellule reproductrice, on retrouve des éléments essentiels : les ***chromosomes***, petits bâtonnets sur lesquels sont greffés des substances : les *gènes*. Ces derniers peuvent se regrouper jusqu'à mille sur un seul chromosome. Ce sont ces minces filaments dits *gènes* qui déterminent les traits physiques du fœtus. La manière dont se déroule la reproduction est orchestrée par un jeu d'hormones très précis.

Les hormones

Les ***hormones***, des messagers chimiques dont le nom provient du grec : *hormaein* qui signifie « exciter », contrôlent les fonctions des organes. Ces messagers chimiques font partie du *système endocrinien*, système que l'on doit au grand chercheur français Claude Bernard puisque c'est lui qui a le mérite d'avoir le premier mis en lumière la notion de sécrétion endocrine, donc pour ainsi dire créé l'endocrinologie.

Après de mémorables expériences, il en est aussi venu à démontrer qu'une partie du sucre que nous ingérons s'accumule dans le foie, prenant la forme d'une substance baptisée ***glycogène*** ; le foie, grâce à des cellules transformatrices, change ensuite le ***glycogène*** en *glucose*, sorte de sucre, qui se transmet directement dans le sang lorsque l'organisme en a besoin.

Le système endocrinien est sous le contrôle du cerveau. Le chef d'orchestre en est l'hypothalamus et le premier violon est l'hypophyse. Ce duo de chefs stimule l'activité des glandes qui sont sous ses ordres.

Les messagers chimiques que sont les hormones appartiennent à quatre (4) grandes familles chimiques :

- *les stéroïdes*
- *les polypeptides*
- *les amines*
- *les acides gras.*

Elles sont synthétisées (combinaison de divers éléments en un tout) et excrétées (évacuation à l'extérieur d'une glande) par les glandes et certaines formations nerveuses ; lorsqu'elles se retrouvent dans le sang, elles s'accrochent, plus souvent qu'autrement, à une protéine qui servira à les transporter. Elles quittent le sang pour une cellule mais on ne sait pas encore comment s'effectue au juste la traversée de la membrane cellulaire.

Les hormones sont produites entre autres par le *pancréas*, la *thyroïde*, les *testicules* et les *ovaires*.

Pour ce qui est du cycle menstruel, trois glandes sont impliquées. Il s'agit de l'***hypophyse***, laquelle se trouve à la hauteur des yeux, des ***ovaires***, dont nous avons déjà parlé, et de l'***hypothalamus***, situé au-dessus de l'hypophyse dans la boîte crânienne.

L'hypophyse

L'***hypophyse*** ou glande pituitaire est vitale pour la croissance, la maturation et la fonction de reproduction. Elle est stimulée par le cerveau pour libérer certaines hormones qui, à leur tour, stimulent les ovaires.

Les hormones provenant de l'***hypophyse*** et des ***ovaires*** travaillent en étroite collaboration. Si l'une des deux sortes de glandes produit moins d'hormones, l'autre en produira plus pour assurer l'équilibre.

Mais c'est surtout, comme nous l'avons mentionné, l'***hypothalamus*** qui est le chef d'orchestre. Comme son nom l'indique, l'hypothalamus est situé sous le *thalamus* ; il contrôle plusieurs processus vitaux dont certains sont associés au système nerveux autonome : la régulation de la température du corps, l'équilibre de l'eau dans l'organisme, l'appétit, l'activité gastrointestinale, l'activité sexuelle, des émotions comme la peur et la rage, et la libération des hormones de l'hypophyse.

Deux hormones de l'hypophyse : la ***FSH***[23] (*follicule stimulating hormone* {hormone qui stimule le follicule}), dite hormone folliculostimulante, et la ***LH*** (*luteinizing hormone* {hormone qui lutéinise ou initie la formation du corps jaune[24]}), dite hormone lutéinisante, entraînent les ovaires à sécréter les œstrogènes et les progestérones. C'est cependant la FSH qui stimule le développement des follicules situés dans les ovaires alors que la LH, lorsqu'un follicule a atteint sa maturité, le pousse à libérer l'ovule qui est alors aspiré par une trompe de Fallope.

L'ovule libéré de l'ovaire au moment de l'ovulation ne peut se déplacer par lui-même. C'est un courant liquide qui l'entraîne vers la trompe de Fallope. Une fois happé par celle-ci, l'ovule poursuit son chemin, car des cils situés sur les cellules qui recouvrent la trompe de Fallope le propulsent vers l'utérus aidé des petits muscles de la paroi de la trompe de l'utérus. Les transformations que subit un œuf fécondé lui permettent de se fixer et de faire son nid (nidation) dans l'endomètre afin qu'il puisse continuer à grossir.

---

[23] En médecine, on retrouve en français des abréviations anglaises, selon une convention internationale. C'est pourquoi nous mentionnons l'expression anglaise qui en est à l'origine et entre ( ) l'expression anglaise, puis entre { } la traduction de l'expression anglaise, et finalement l'expression médicale la plus correcte, selon nous, ou la plus courante.

[24] Glande endocrine temporaire et cyclique se caractérisant par la présence de cellules jaunes à lutéine ; cette glande temporaire sécrète des progestérones.

Les deux sortes d'hormones des ovaires, les œstrogènes et les progestérones, jouent aussi un rôle dans le cycle menstruel.

Les ***œstrogènes*** participent aussi au développement du follicule mais agissent en outre sur l'épaississement de l'endomètre (muqueuse interne de l'utérus). Ils permettent de plus que se développent les os, les glandes sébacées et les caractères sexuels et contribuent au gonflement des tissus en gardant l'eau et le sel dans les cellules. En fait, les œstrogènes sont responsables de la production du mucus fertile du col, de l'ouverture du col et de l'augmentation du sang à la surface de la muqueuse de l'utérus.

Ce sont les ***progestérones*** qui voient au développement de l'endomètre pendant la période qui précède les menstruations ou alors pendant la grossesse et qui font s'élever la température basale. Lorsque l'ovule sort du follicule, celui-ci se transforme en une masse que l'on appelle ***corps jaune***. Ce corps jaune se métamorphose ensuite en une glande qui produit alors des œstrogènes et des progestérones. En fait, les progestérones sont responsables de la production du mucus non fertile du col, de la fermeture du col et du maintien de la surface de la muqueuse de l'utérus pendant la moitié du cycle menstruel.

Si nous récapitulons : les œstrogènes prennent le contrôle de la situation dès le 1er jour des menstruations jusqu'à ce que l'ovule quitte l'ovaire ; pendant ce temps, les progestérones sont présentes mais en petite quantité ; quand l'ovule est expulsé de l'ovaire, les progestérones sont alors maîtresses du fonctionnement endocrinien jusqu'à ce que les menstruations recommencent.

Lorsque les œstrogènes et les progestérones sont dosées de façon équilibrées et ont une bonne interaction, la femme n'a généralement pas de symptômes physiques menstruels et prémenstruels et de troubles de l'humeur.

Les façons dont les œstrogènes agissent sur l'humeur ne sont pas clairement prouvées. On sait toutefois que ces hormones ont un effet sur l'activité des monoamines oxydases. Celles-ci ont une relation directe sur des amines comme :

- ***l'adrénaline***
- ***la noradrénaline***
- ***la sérotonine***
- ***la dopamine***

qui, elles, ont un effet sur l'humeur :

- l'***adrénaline*** a un effet sur	l'ANXIÉTÉ
- la ***noradrénaline*** a un effet sur	l'HOSTILITÉ l'IRRITABILITÉ
- la ***sérotonine*** a un effet sur	la TENSION NERVEUSE l'ASSOUPISSEMENT la RÉTENTION D'EAU les TROUBLES DE CONCENTRATION les TROUBLES DE PERFORMANCE
- la ***dopamine*** équilibre l'effet des trois autres en favorisant	la RELAXATION la VIVACITÉ MENTALE ACCRUE.

Toutefois, en plus des œstrogènes et des progestérones, il existe d'autres substances que l'on retrouve aussi bien chez l'homme que chez la femme, qui sont bien importantes en ce qui a trait au cycle menstruel : ce sont les ***endorphines*** et les ***prostaglandines***.

Les ***endorphines*** sont des hormones formées de quelques acides aminés, ayant des effets analgésiques (qui calment la douleur), tranquillisants (qui calment l'organisme agité) ou excitants (qui stimulent l'organisme). On qualifie les endorphines de morphine interne.

Elles proviennent de l'*hypophyse* et du *liquide céphalorachidien* et on croit qu'elles ont une influence sur l'humeur, le comportement et le fonctionnement de l'hypophyse elle-même.

De plus, elles ont un rôle à jouer sur l'utilisation du sucre dans l'organisme et régentent la libération des autres hormones par l'hypophyse et les ovaires.

Lorsque la production de ces hormones fluctue, il s'ensuit toutes sortes de troubles comme : une augmentation de la sensibilité des seins, de la rétention d'eau, de la constipation ou des gonflements.

Un manque d'endorphines, causé le plus souvent par le stress, affecte la croissance du follicule et du corps jaune et donc la production d'œstrogènes et de progestérones, puisque le follicule génère des œstrogènes et que le corps jaune engendre des œstrogènes et des progestérones.

Les ***prostaglandines***, que l'on classe parmi les hormones, ne sont pas vraiment des hormones mais bien des substances de type hormonal ; ce sont des composés d'acide gras indispensables ; elles stimulent la contraction de l'utérus et agissent sur l'appareil génital en favorisant la fécondation et l'accouchement, sur l'appareil circulatoire, sur les bronches, sur les reins, sur le tube digestif et sur les glandes endocrines.

Si une personne manque de prostaglandines, elle peut voir se développer certaines maladies.

On croit que ces substances hormonales affectent le fonctionnement du système nerveux, qu'elles inhibent la sécrétion des progestérones par le corps jaune et les ovaires, qu'elles permettent le relâchement des muscles lisses et des voies respiratoires ainsi que l'augmentation du flot urinaire ; certaines d'entre elles élèvent la pression artérielle, d'autres la diminuent ; on dit aussi qu'elles aident à équilibrer le calcium dans les cellules de l'organisme.

Bref, ces substances hormonales sont toutes importantes et essentielles en ce qui regarde le cycle menstruel.

Chapitre 3

Le cycle menstruel

Règle générale, la femme a un ***cycle menstruel*** de 28 jours. Mais il peut varier de ± 21 à ± 35 jours. Malgré ces différences, l'ovulation se produit toujours ± 14 jours avant le début des menstruations suivantes (voir p.). La période pendant laquelle la femme est fécondable s'étend donc, la plupart du temps, du 10e au 17e jours.

Les ***menstruations***, qui constituent les premiers jours du cycle, sont en fait la désintégration de la surface de l'endomètre (muqueuse interne de l'utérus). Ceci survient parce que l'endomètre, au cours du cycle précédent s'était grossi de 8 à l0 fois. Quand aucun œuf ne s'implante dans l'endomètre, celui-ci laisse échapper un liquide sanglant incoagulable composé de sang (environ de 2 500 000 à 3 000 000 globules rouges par ml, des globules blancs, des histiocytes et un peu de fibrine et de plaquettes), d'électrolytes (calcium, phosphore et potassium), de cellules diverses et de fragments de tissus, de graisses et de prostaglandines (substances ayant une action contraceptive). La quantité de l'écoulement menstruel est d'environ 50 ml (de 2 à 3 oz), ce qui revient à dire approximativement de 4 à 6 cuillérées à table de volume.

Dès que commencent les tachetures ou les saignements, c'est le premier jour des menstruations. On calcule qu'en général le premier jour de la période de fertilité d'une femme aura lieu en soustrayant **18** de son cycle le plus court pendant les 8 mois préalables ; on calcule qu'en général le dernier jour de la période de fertilité s'obtient en soustrayant **11** de son cycle le plus long pendant les 8 mois préalables.

La longueur du cycle menstruel

Comme nous l'avons déjà mentionné, un cycle menstruel peut avoir diverses longueurs. Nous avons choisi d'en illustrer trois : 21, 28 ou 38 jours.

Comme on peut le constater, quelle que soit la longueur du cycle, l'ovulation se produit ± 14 jours avant la fin.

La longueur du cycle menstruel

Tableau 2

*	1 2 3 4 5 6 **7**
8 9 10 11 12 13 14 15 16 17 18 19 20 21	

**	1 2 3 4 5 6 7 8 9 10 11 12 13 **14**
15 16 17 18 19 20 21 22 23 24 25 26 27 28	

***	1 2 3 4 5 6 7 8 9 10 11 12 13 14 15 16 17 18 19 20 21 22 23 **24**
25 26 27 28 29 30 31 32 33 34 35 36 37 38	

* cycle de 21 jours
** cycle de 28 jours
*** cycle de 38 jours
(le jour mis en évidence est celui de l'ovulation)

Ceci est bon à savoir car chez certaines femmes la longueur du cycle fluctue de mois en mois. Les périodes de saignement peuvent varier d'une femme à l'autre **de même que les douleurs et les signes qui les accompagnent**. Il peut aussi arriver que certains mois aucune ovulation ne survienne. Ceci n'est pas pathologique (maladif) mais il est toujours préférable d'en parler à son médecin au cas où la chose finirait par se répéter trop souvent.

Les périodes de fertilité
(basées sur 8 mois d'observation préalables)

Tableau 3

cycle le plus court (21 jours)

1 2 **3 4 5 6 7 8 9 10** 11 12 13 14 15 16 17 18 19 20 21
*

cycle le plus long (21 jours)

1 2 **3 4 5 6 7 8 9 10** 11 12 13 14 15 16 17 18 19 20 21
**

*   21 - 18 = 3
**   21 - 11 = 10

cycle le plus court (21 jours)

1 2 **3 4 5 6 7 8 9 10 11 12 13** 14 15 16 17 18 19 20 21
*

cycle le plus long (24 jours)

1 2 **3 4 5 6 7 8 9 10 11 12 13** 14 15 16 17 18 19 20 21 22 23 24
**

*   21 - 18 = 3
**   24 - 11 = 13

cycle le plus court (20 jours)

1 **2 3 4 5 6 7 8 9 10 11 12 13** 14 15 16 17 18 19 20 *

cycle le plus long (24 jours)

1 2 3 4 **5 6 7 8 9 10 11 12 13** 14 15 16 17 18 19 20 21 22 23 24 **

* 20 - 18 = 2
** 24 - 11 = 13

---

cycle le plus court (24 jours)

1 2 3 4 5 **6 7 8 9 10 11 12 13** 14 15 16 17 18 19 20 21 22 23 24 *

cycle le plus long (24 jours)

1 2 3 4 5 **6 7 8 9 10 11 12 13** 14 15 16 17 18 19 20 21 22 23 24 **

* 24 - 18 = 6
** 24 - 11 = 13
(les jours mis en évidence sont les jours les plus fertiles)

Les signes habituellement associés aux menstruations

Chez certaines femmes, l'écoulement menstruel s'accompagne de douleurs et de signes comme des maux de tête, des nausées, des vomissements, des vertiges, des crampes abdominales et des diarrhées.

Ces signes dépendent de la façon dont se déroule le cycle menstruel dans l'organisme.

Disons qu'il est habituel de distinguer trois phases à chaque cycle menstruel :

- ***la phase folliculaire***
- ***l'ovulation***
- ***la phase lutéale***.

Les trois phases du cycle menstruel
(exemple de 28 jours)

Tableau 4

menstruations
(du 1er au 5e jour)

1 5 ±14 28

phase folliculaire	**ovulation**	**phase lutéale**
(du 1er au ±14e jour)	(vers le 14e jour)	(du ±14e au 28e jour)

Lors de la ***phase folliculaire***, qui s'étend du 1er au ±14e jour après la fin des menstruations, un *follicule* (petit sac contenant un ovule) est choisi parmi les 400 000 qui sont présents dans les ovaires ; ce follicule choisi est le SEUL qui arrivera à maturation. Au tout début de la phase folliculaire, le follicule se compose d'un ovule (cellule germinale) ; une couronne de cellules mesurant 60 μm de diamètre) entoure l'ovule ; à la fin de la phase folliculaire, l'ovule est un agglomérat complexe qui mesure de 20 à 25 mm et il bombe la surface de l'ovaire de sorte que les techniques d'échographie actuelles peuvent le révéler.

C'est sous l'influence de certaines hormones que l'hypophyse sécrète, soit les ***gonadotrophines*** (*FSH* et *LH*) que le follicule se met à sécréter des œstrogènes, dont l'œstradiol. Les œstrogènes agissent en retour sur la sécrétion de l'hypophyse ; quand ils sont en quantité modérée, ils freinent la sécrétion des FSH et LH. Quand ils sont en grande quantité, ils déclenchent l'augmentation des LH : c'est ce que l'on appelle le pic ovulatoire puisque c'est de 13 à 36 heures après que se produit l'ovulation.

Lors de l'***ovulation***, qui se produit vers le 14e jour, l'hypophyse sécrète tout à coup une grande quantité de LH ; ceci entraîne l'éclatement du follicule, la rupture de la paroi de l'ovaire et l'expulsion d'un ovule mature. C'est l'extrémité frangée de la trompe de Falloppe, appelée le pavillon, qui aspire l'ovule libéré ; la LH déclenche alors la transformation du follicule éclaté en une glande appelée *corps jaune*.

Si nous récapitulons : du 1er au 14e jour se produit la phase folliculaire ; vers le 14e jour survient l'ovulation ; après l'ovulation commence la phase lutéale.

La ***phase lutéale*** peut survenir parce que, à partir des structures restantes du follicule ayant expulsé l'ovule, sous l'effet de la LH, le follicule éclaté est transformé en corps jaune.

C'est le corps jaune qui sécrète les progestérones, ces hormones qui, avec les œstrogènes produites par les ovaires, activent le développement de l'*endomètre*. L'endomètre, qui s'épaissit lentement pour devenir un nid douillet pour l'ovule, est riche en vaisseaux sanguins et ses tissus se remplissent de sucre ; les œstrogènes et les progestérones ont aussi, en même temps, une action de répression sur l'hypothalamus et l'hypophyse afin que ces deux glandes produisent moins de FSH et LH.

Si l'ovule est fécondé par un spermatozoïde, il se loge dans l'endomètre qui devient son nid. Sinon, le corps jaune commence à s'appauvrir vers le 25e jour et ses cellules sont réabsorbées et remplacées par le tissu ovarien normal. En disparaissant, le corps jaune permet la diminution des sécrétions d'œstrogènes et de progestérones. Privés d'hormones, les vaisseaux sanguins qui alimentent l'endomètre se contractent et, par le fait même, il y a moins de sang qui se rend dans ces tissus. Les petites veines et les artères de l'endomètre se rompent et le sang qui s'écoule est le début des menstruations.

Comme il y a moins d'œstrogènes et de progestérones dans le sang, l'hypothalamus recommence à stimuler l'hypophyse, cette glande qui, tel qu'on l'a vu, produit les FSH et LH, et ceci enclenche le début du cycle menstruel suivant.

Qu'est-ce qui se passe au juste quand le déroulement du cycle menstruel n'est pas harmonieux ? Les symptômes bénins qui peuvent accompagner les menstruations sont beaucoup plus accentués et sont souvent associés à des troubles plus graves. Ils sont alors regroupés et décrits sous le nom de syndrome prémenstruel.

Chapitre 4

Les symptômes du SPM

Le ***SPM*** est défini comme étant une combinaison de ***symptômes*** *physiques* et *psychologiques*, qui surviennent chez la femme de façon cyclique. Habituellement, les symptômes commencent de 2 à 7 jours avant le début des menstruations et disparaissent au premier jour des menstruations. Le caractère cyclique du SPM et une période libre de tout symptôme après les menstruations sont deux critères essentiels de sa définition.

Les symptômes peuvent atteindre une sévérité telle qu'ils interfèrent avec différents aspects de la vie de la femme (professionnel, conjugal, familial, social, etc.). Nous énumérons les malaises, maux et signes dont se sont déja plaint les femmes sujettes au SPM. Cette longue liste n'est cependant pas exhaustive, mais elle peut rassurer nombre de femmes qui se demandent ce qui leur arrive soudain. Les symptômes qui sont rencontrés le plus souvent font l'objet du tableau 5.

Liste des signes reliés aux SPM

- abus d'alcool
- abus de tranquillisants
- acné
- acouphènes (tintements dans les oreilles)
- affaissement de la voûte plantaire du pied
- agitation
- agressivité physique
- agressivité verbale
- allergies
- ambivalence (incapacité de se décider)
- anxiété
- aphtes (ulcères de la bouche)
- appétit augmenté
- appétit excessif
- appétit perdu
- arthrite
- asthme
- attaques de panique
- automutilation intentionnelle
- bouffées de chaleur
- bouffées d'énergie
- boulimie (fringales alimentaires)
- changement d'habitudes alimentaires
- cheveux secs
- chicane au travail
- chicane avec la famille
- chicane avec les amis
- chicane avec les enfants
- colère

- coliques
- comportement criminel
- comportement déraisonnable
- confusion
- constipation
- convulsions
- coordination motrice diminuée
- crampes du ventre
- culpabilité
- délire érotique
- dépression
- désir de commettre un acte criminel
- désir de bouger diminué
- désir de parler diminué
- désir de rester à la maison
- désir de solitude
- désir sexuel augmenté
- désir sexuel changé
- désir sexuel diminué
- désir sexuel inexistant
- désorganisation
- diarrhée
- difficultés à s'endormir
- difficultés à prendre des décisions
- distractibilité
- doigts serrés
- douleurs au bras
- efficacité diminuée
- endométriose
- engourdissements
- énurésie nocturne (pipi au lit)
- épilepsie
- éruptions cutanées
- état d'abattement

- étourdissements
- évanouissements
- excitation
- eczéma
- fatigabilité
- fatigue
- fourmillements dans les membres
- fringales
- fuite des activités sociales
- gain de poids
- gêne de la phonation (difficultés articulatoires)
- gencives saignantes
- gonflement des articulations
- gonflement des extrémités
- gonflement des seins
- gonflement du ventre
- herpès
- hostilité
- humeur dépressive
- hydrarthrose du genou (douleurs et raideurs du genou)
- hyperlaxité des ligaments du coup-de-pied
- hypersensibilité aux bruits
- hypoglycémie
- idées suicidaires
- image de soi négative
- impatience
- impulsion criminelle
- impulsivité
- imprudence
- intérêt diminué pour le travail
- intérêt diminué pour les amis
- intérêt diminué pour les passe-temps
- intolérance

- irritabilité
- isolation sociale
- labilité émotionnelle
- langue inflammée
- léthargie (ralentissement)
- mal de coeur
- mal de dos
- mal de foie
- mal de jambes (lourdeurs)
- mal de poitrine
- mal de seins
- mal de tête
- mal de ventre
- mal des articulations
- mal des muscles
- maladresse
- malaise à l'idée de conduire sa voiture
- manque d'énergie
- maux et malaises généraux
- ménorragie
- métrorragie
- migraine
- moiteurs localisées
- motivation diminuée
- nausées
- négligence de son travail à la maison
- négligence de son travail au bureau
- nervosité
- oedème (gonflement des tissus par l'eau)
- palpitations
- paranoïa (sentiment de persécution)
- peau grasse
- pensées autodépréciatives
- pensées paranoïdes

- pensées psychotiques
- perte de contrôle
- picotement de la gorge
- pleurs
- poids augmenté
- poussées hémorroïdaires
- prurit anal (qu'on n'arrive pas à arrêter)
- prurit généralisé
- réactions maniaques
- refus d'activités sociales
- rétention d'eau
- réveil durant la nuit
- réveil très tôt le matin
- rhumatisme
- rhume
- sautes d'humeur
- séborrhée (augmentation des sécrétions) du cuir chevelu
- sécrétions des bronches abondantes
- sensation anormale sans motif
- sensation de gonflement
- sensibilité accrue au froid
- sensibilité des seins
- sentiment de bien-être
- sentiment de désespoir
- sentiment de gain de poids
- sentiment de solitude
- sentiment de manquer d'attraits
- sentiment d'oppression
- sentiment soudain de larmoiement
- sentiment soudain de tristesse
- sentiments violents
- siestes fréquentes
- soif augmentée

- sommeil prolongé
- sommeil raccourci ou absent
- souci de rangement exagéré
- sueurs froides
- syndrome de Raynaud[25]
- tension
- toux spasmodique
- transpiration abondante
- tremblements
- tristesse
- troubles de circulation sanguine
- troubles de concentration
- troubles de coordination motrice
- troubles de jugement
- troubles de la peau
- troubles de la vision (floue ou trouble)
- troubles de mémoire
- troubles de pensée
- urticaire
- vaginite (inflammation du vagin)
- vertige
- vol
- vomissements
- vulvite (inflammation de la vulve)

---

[25] Forte vasoconstriction (resserrement des vaisseaux sanguins) se produisant par spasmes, provoquant un défaut de circulation dans les doigts ; une émotion vive ou l'exposition au froid déclenche l'apparition des spasmes.

Les principaux symptômes associés au SPM

Tableau 5

symptômes physiques	symptômes psychologiques
douloureux	**affectifs**
- mal de tête - mal de seins - mal des articulations - mal des muscles	- tristesse - anxiété - colère - irritabilité - tension - labilité émotionnelle - dépression - culpabilité
autonomes	**cognitifs**
- nausées - diarrhée - palpitations - transpiration abondante	- concentration diminuée - paranoïa - ambivalence - idées suicidaires
nerveux	**comportementaux**
- convulsions - étourdissements - vertige - sensation anormale sans motif - tremblements	- attaques de panique - motivation diminuée - impulsivité

neurovégétatifs

- sommeil prolongé
- sommeil raccourci
  ou absent
- appétit perdu
- fringales
- soif augmentée
- état d'abattement
- bouffées de chaleur
- désir sexuel changé
- fatigabilité
- hypersensibilité
  aux bruits

dermatologiques

- acné
- cheveux secs

liquidiens

- poids augmenté
- urine émise
  moins abondante
- extrémités gonflées
- ventre gonflé

- isolation sociale
- efficacité diminuée
- agitation
- agressivité
- abus d'alcool

Le SPM s'observe en période reproductive, c'est-à-dire approximativement entre 15 et 50 ans. Il faut toutefois préciser ici que le SPM disparaît pendant une grossesse. Plus de 150 malaises et maux ont été associés au SPM dont 20 apparaissent plus fréquents. Parmi ceux-ci, ceux qui fatiguent le plus sont probablement : le gain **de poids** qui peut être de 1 à 5,50 kg (2 à 12 lb) ; la **douleur des seins** ; l'**augmentation du volume des seins** qui peut être de 100 ml (3,5 oz) au cours de la dernière phase du cycle ; dans certains cas toutefois, il ne s'agit que d'une simple impression de tension mammaire ; la **tension du ventre et du bas ventre** (abdominopelvienne) peut être une simple sensation de tension ou de gonflement ou une douleur plus intense qui requiert un traitement ; quant aux troubles de l'humeur, les deux plus fréquents sont l'**irritabilité** et la **tendance dépressive**.

D'après une enquête effectuée, en 1979, par l'*International Health Foundation*, 85 % des femmes de 15 à 50 ans interrogées au hasard affirment avoir des symptômes prémenstruels. Selon une étude faite en 1983, la prévalence du SPM est d'environ 60 % pour le groupe d'âge de 31 à 35 ans et de 31 % pour le groupe d'âge de 16 à 20 ans. La relation entre l'âge et les symptômes menstruels dépend du nombre de symptômes qui peuvent augmenter jusqu'à un certain âge et diminuer par la suite. Le groupe d'âge où l'on retrouve le plus de symptômes du SPM est entre 30 et 40 ans. Devant l'ampleur du problème, on a tenté de déterminer si des facteurs sociaux et environnementaux pouvaient influencer les manifestations cliniques du SPM. Les résultats révèlent qu'il n'existe aucune relation entre le SPM et les paramètres suivants : race, orientation sexuelle, statut civil et statut socioéconomique.

À l'exemple du Dr Guy E. Abraham, nous reconnaissons l'existence de quatre principaux types de SPM :

- SPM-A (*PMT-A : Premenstrual Tension-A* {ou *Anxiety* : en français : tension prémenstruelle-anxiété}), la plus fréquente, se caractérise, avant les menstruations, par de l'anxiété, de l'irritation, de la tension nerveuse et quelquefois une dépression légère ou modérée ;

- SPM-H (*PMT-H : Premenstrual Tension-H* {ou *Hyperhydration* : en français : tension prémenstruelle-hyperhydratation, c.-à-d. trop d'eau dans les tissus}), la deuxième plus fréquente, se caractérise, avant les menstruations, par un gain de poids, un gonflement et un mal de ventre, une congestion et une douleur des seins et quelquefois un oedème de la figure et des extrémités ;

- SPM-C[26] (*PMT-C : Premenstrual Tension-C* {ou *Carbohydrates* : en français : tension prémenstruelle-hydrates de carbone}), se caractérise, avant les menstruations, par un appétit augmenté, une fringale pour les sucreries d'où l'ingestion d'une grande quantité de sucre raffiné, qui peut entraîner, quelques heures après, des évanouissements, de la fatigue, des palpitations et un mal de tête ;

- SPM-D (*PMT-D : Premenstrual Tension-D* {ou *Depression* : en français : tension prémenstruelle-

---

[26] Nous gardons, en français, le « C » pour désigner le groupe d'hydrates de carbone car le « H » est déjà utilisé pour le deuxième groupe.

dépression}), se caractérise, avant les menstruations, par une dépression, un repli sur soi-même, des pensées suicidaires suivis par une tentative de suicide, de la léthargie, de la confusion, de l'incohérence et de la difficulté à verbaliser (exprimer ses pensées en paroles).

Cette catégorisation des symptômes ne signifie pas qu'une femme ait nécessairement l'une ou l'autre forme. Il peut arriver que les manifestations du SPM chez elle soient de deux types, de trois types ou même qu'elle ait tous les symptômes, ce que nous ne souhaitons à personne.

Quoi qu'il en soit, plusieurs médecins et thérapeutes ont longuement réfléchi, observé et discuté sur cette maladie féminine et on en est arrivé à un concensus : les symptômes du SPM ne sont pas que physiques...

De grosses perturbations émotionnelles, du moins perçues comme telles par la femme, à cause de ce qu'elles impliquent pour elle, peuvent dérégler le cycle menstruel.

Un choc psychoaffectif, un conflit familial, des difficultés de la vie à deux (séparation, divorce) ou des troubles professionnels peuvent enrayer l'ovulation, supprimer les menstruations, déclencher le SPM.

On doit donc en arriver à une approche biopsychosociale. Bien que les aspects biologiques, psychologiques et sociaux soient étroitement imbriqués dans certains cas, nous tâcherons de les distinguer afin qu'il soit possible ensuite de les utiliser pour essayer de dépister le SPM.

APPROCHE BIOPSYCHOSOCIALE

Le Dr **William R. Keye**, chef de la division d'Endocrinologie reproductive de l'*University of Utah School of Medicine*, est l'un des spécialistes du SPM qui prônent l'approche biopsychosociale[27].

A. **Composantes biologiques**

1. Il peut y avoir une anomalie biologique chez la femme.
   L'une des composantes suivantes peut entraîner chez elle un trouble physique réel et quelquefois grave.

---

[27] KEYE, William R. et TRUNNELL, Eric. "*A Biopsychosocial Model of Premenstrual Syndrome*" [Un modèle biopsychosocial de syndrome prémenstruel], *International Journal of Fertility* [Journal international de fertilité], vol. 31, n° 4, 1986, p. 259 à 262.

Les composantes biologiques pouvant être touchées

Tableau 6

accoutumance aux

peptides opiacées endogènes

allergie causée par

neurotransmetteurs
progestérones

déficience	**surabondance**
acides gras essentiels	
	aldostérones
	androgènes
	candida
catécholamines	
	cortisol
magnésium	
	mélatonine
oestrogènes	oestrogènes
oligo-éléments	
potassium	
progestérones	progestérones
	prolactine
prostaglandines	prostaglandines
	vasopressine
vitamine A	
vitamine B_6	

déséquilibre

muscles
oestrogènes et progestérones

diminution	
	glycémie métabolisme de la sérotonine
inflammation bactérienne	
	ovaires
malfonctionnement	
	glandes surrénales
réaction aux	
	toxines environnementales

2. Il peut y avoir quelques-unes ou toutes les anomalies biologiques répertoriées au tableau précédent chez la femme.

   Dans ce cas, nous faisons face à l'un des quatre principaux groupes de SPM ou à une pathologie pouvant regrouper les symptômes de plusieurs de ces groupes.

3. Il n'y a aucune anomalie biologique chez la femme.

   Ce sont alors les changements hormonaux et physiologiques normaux de la phase lutéale du cycle menstruel qui agissent comme déclencheurs des manifestations émotives et physiques.

   Chaque femme aura alors une réaction spécifique qui lui est propre et ne peut être catégorisée car elle dépend de l'interdépendance des composantes psychologiques et sociales.

B. **Composantes psychologiques**

1. Il peut y avoir, au cours de la phase lutéale, une manifestation d'un trouble psychiatrique chronique qui disparaît toutefois lors des deux autres phases (phase folliculaire et ovulation).

2. Il peut y avoir une survenue de trouble psychiatrique lors de la phase lutéale.

3. Il peut y avoir une exagération prémenstruelle d'un trouble psychiatrique chronique déjà traité.

   Avant de prendre une décision concernant les composantes du trouble, il faut bien s'assurer de la présence ou de l'absence d'une maladie psychiatrique. Ensuite, on peut s'attarder aux composantes psychologiques suivantes.

Les composantes psychologiques pouvant être touchées

Tableau 7

acceptation du rôle féminin
adoption du rôle de « malade »
attitude devant les menstruations
croyances en rapport avec le cycle menstruel
expectatives
expérience préalable avec les menstruations
façon de faire face aux situations
impuissance apprise
niveaux de contrôle
perception
peurs
profil de personnalité
(force de l'ego, culpabilité, névrose)
style d'attribution
style cognitif
superstitions
troubles psychiatriques existants

C. **Composantes sociales**

Il ne faut pas oublier qu'à la base de notre attitude, autant féminine que masculine, il existe des données culturelles, des croyances sociales, des attitudes de vie transmises de génération en génération concernant la famille, les rôles de la femme et de l'homme et les façons de faire face. Dans ce sens, nous sommes tous tributaires de l'opinion générale et des innombrables mythes aussi terrifiants qu'aberrants qui ont cours.

Aussi était-il plus que temps que la physiologie féminine soit abordée rationnellement et que l'on n'en fasse plus uniquement une affaire d'éducation, de volonté, d'équilibre et de maîtrise de soi. Une saine attitude psychologique et sociale se doit toutefois de prendre en considération la réalité biologique.

Le tableau suivant donne un aperçu des composantes sociales pouvant être touchées.

Les composantes sociales pouvant être touchées

Tableau 8

- attitudes de la famille et des amis face aux femmes, aux menstruations et au SPM
- attitudes de la société face aux femmes, aux menstruations et au SPM
- attitudes de la sousculture face aux femmes, aux menstruations et au SPM
- attitudes face à « la maladie »
- éducation psychosexuelle préalable
- expérience
- gain secondaire relié au fait d'être « malade »
- modèles de rôle
- réactions de la famille, des amis, de l'employeur et des professionnels de la santé
- relations sexuelles actuelles et passées
- réseau de soutien social
- rôles de la femme en tant que mère, travailleuse et volontaire

Devant les multiples facettes de ce trouble mensuel, afin de bien tenir compte de toutes les composantes biologiques, psychologiques et sociales, des tests d'autoévaluation et d'évaluation par la personne qui partage la vie de la femme ont été mis au point. Armé des résultats de ces tests, le médecin peut ensuite examiner la patiente et poser un diagnostic plus éclairé et réaliste.

Chapitre 5

Les tests de dépistage du SPM

Voici quelques tests de dépistage du SPM que les femmes peuvent remplir et que leur médecin pourra interpréter en termes de diagnostic.

Le questionnaire des symptômes prémenstruels(QSPM)*
(exemple de cinq jours)

Graphique 1

cycle menstruel :	1		2		3		4		5	
mois de :	mars 1992									
jours :	1		2		3		4		5	
	D		L		M		M		J	
	m	sx	m	sx	m	sx	m	sx	m	sx
abus d'alcool										
abus de tranquillisants										

acné										
acouphènes										
affaissement de la voûte plantaire										
agitation										
agressivité physique										
agressivité verbale										
allergies										
ambivalence										
anxiété										
aphtes										
appétit augmenté										
appétit excessif										
appétit perdu										
arthrite										
asthme										
attaques de panique										
automutilation intentionnelle										
bouffées de chaleur										
bouffées d'énergie										
boulimie										
changement d'habitudes alimentaires										
cheveux secs										
chicane au travail										
chicane avec la famille										
chicane avec les amis										
chicane avec les enfants										
colère										
coliques										
comportement criminel										
comportement déraisonnable										
confusion										
constipation										
convulsions										
coordination motrice diminuée										

crampes du ventre										
culpabilité										
délire érotique										
dépression										
désir de commettre un acte criminel										
désir de bouger diminué										
désir de parler diminué										
désir de rester à la maison										
désir de solitude										
désir sexuel augmenté										
désir sexuel changé										
désir sexuel diminué										
désir sexuel inexistant										
désorganisation										
diarrhée										
difficultés à s'endormir										
difficultés à prendre des décisions										
distractibilité										
doigts serrés										
douleurs au bras										
efficacité diminuée										
endométriose										
engourdissements										
énurésie nocturne										
épilepsie										
éruptions cutanées										
état d'abattement										
étourdissements										
évanouissements										
excitation										
eczéma										
fatigabilité										
fatigue										
fourmillements dans les membres										

fringales										
fuite des activités sociales										
gain de poids										
gêne de la phonation										
gencives saignantes										
gonflement des articulations										
gonflement des extrémités										
gonflement des seins										
gonflement du ventre										
herpès										
hostilité										
humeur dépressive										
hydrarthrose du genou										
hyperlaxité des ligaments du pied										
hypersensibilité aux bruits										
hypoglycémie										
idées suicidaires										
image de soi négative										
impatience										
impulsion criminelle										
impulsivité										
imprudence										
intérêt diminué pour le travail										
intérêt diminué pour les amis										
intérêt diminué pour les passe temps										
intolérance										
irritabilité										
isolation sociale										
labilité émotionnelle										
langue inflammée										
léthargie										
mal de cœur										
mal de dos										
mal de foie										

mal de jambes										
mal de poitrine										
mal de tête										
mal de ventre										
mal des articulations										
mal des muscles										
mal des seins										
maladresse										
malaise à l'idée de conduire sa voiture										
manque d'énergie										
maux et malaises généraux										
ménorragie										
métrorragie										
migraine										
moiteurs localisées										
motivation diminuée										
nausées										
négligence de son travail à la maison										
négligence de son travail au bureau										
nervosité										
œdème										
palpitations										
paranoïa										
peau grasse										
pensées autodépréciatives										
pensées paranoïdes										
pensées psychotiques										
perte de contrôle										
picotement de la gorge										
pleurs										
poids augmenté										
poussées hémorroïdaires										
prurit anal										
prurit généralisé										

réactions maniaques										
refus d'activités sociales										
rétention d'eau										
réveil durant la nuit										
réveil très tôt le matin										
rhumatisme										
rhume										
sautes d'humeur										
séborrhée du cuir chevelu										
sécrétions des bronches abondantes										
sensation anormale sans motif										
sensation de gonflement										
sensibilité accrue au froid										
sensibilité des seins										
sentiment de bien être										
sentiment de désespoir										
sentiment de gain de poids										
sentiment de solitude										
sentiment de manquer d'attraits										
sentiment d'oppression										
sentiment soudain de pleurs										
sentiment soudain de tristesse										
sentiments violents										
siestes fréquentes										
soif augmentée										
sommeil prolongé										
sommeil raccourci ou absent										
souci de rangement exagéré										
sueurs froides										
syndrome de Raynaud[28]										

[28] Forte vasoconstriction (resserrement des vaisseaux sanguins) se produisant par spasmes, provoquant un défaut de circulation dans les doigts ; une émotion vive ou l'exposition au froid déclenche l'apparition des spasmes.

tension										
toux spasmodique										
transpiration abondante										
tremblements										
tristesse										
troubles de circulation										
sanguine										
troubles de concentration										
troubles de coordination										
motrice										
troubles de jugement										
troubles de la peau										
troubles de la vision										
troubles de mémoire										
troubles de pensée										
urticaire										
vaginite										
vertige										
vol										
vomissements										
vulvite										

POIDS en KG ou en LB

Évaluez chacun des symptômes en vous servant des échelles suivantes :

cycle menstruel (saignement) (m) **:** a=absent ; b=peu abondant ; c=assez abondant ; d=abondant ; e=très abondant (avec caillots).

symptôme (s_x) : 0=absent ; 1=peu présent ; 2=bien présent ; 3=très présent ; 4=excessivement présent.

* Bergeron, Bourget, Tessier et Delage, 1991.

Les symptômes psychologiques prémenstruels
(exemple de cinq jours)

ÉVALUATION DE LA FEMME

Graphique 2

cycle menstruel :	1		2		3		4		5	
mois de :	mars 1992									
jours :	1		2		3		4		5	
	D		L		M		M		J	
	m	sx	m	sx	m	sx	m	sx	m	sx
agressivité										
anxiété										
confusion										
désir sexuel										
efficacité réduite										
humeur dépressive										
intérêt diminué										
irritabilité										
labilité émotionnelle										
perte d'énergie										
pleurs inexpliqués										
troubles de concentration										
troubles de mémoire										

POIDS en KG ou en LB

Évaluez chacun des symptômes en vous servant des échelles suivantes :

cycle menstruel (saignement) (m) **:** a=absent ; b=peu abondant ; c=assez abondant ; d=abondant ; e=très abondant (avec caillots).

symptôme (sx) : 0=absent ; 1=peu présent ; 2=bien présent ; 3=très présent ; 4=excessivement présent.

Les symptômes psychologiques prémenstruels
(exemple de cinq jours)

ÉVALUATION DE LA PERSONNE QUI PARTAGE LA VIE DE LA FEMME

Graphique 3

cycle menstruel :	1	2	3	4	5
mois de :	mars 1992				
jours :	1	2	3	4	5
	D	L	M	M	J
agressivité					
anxiété					
confusion					
désir sexuel					
efficacité réduite					
humeur dépressive					
intérêt diminué					
irritabilité					
labilité émotionnelle					
perte d'énergie					
pleurs inexpliqués					
troubles de concentration					
troubles de mémoire					

symptôme : 0=absent ; 1=peu présent ; 2=bien présent ; 3=très présent ; 4=excessivement présent.

Les symptômes physiques prémenstruels
(exemple de cinq jours)

ÉVALUATION DE LA FEMME

Graphique 4

nom :										
cycle menstruel :	1		2		3		4		5	
mois de :	mars 1992									
jours :	1		2		3		4		5	
	D		L		M		M		J	
	m	sx	m	sx	m	sx	m	sx	m	sx
appétit augmenté										
bouffées de chaleur										
constipation										
coordination motrice diminuée										
diarrhée										
étourdissements										
fringales										
gain de poids										
gonflement des extrémités										
gonflement du ventre										
mal de tête										
mal des articulations										
mal des muscles										
mal des seins										
mal du ventre										
nausées										

palpitations										
soif augmentée										
sommeil prolongé										
sommeil raccourci ou absent										
sueurs froides										
vomissements										

POIDS en KG ou en LB

Évaluez chacun des symptômes en vous servant des échelles suivantes :

cycle menstruel (saignement) (m) **:** a=absent ; b=peu abondant ; c=assez abondant ; d=abondant ; e=très abondant (avec caillots).

symptôme (sx) : 0=absent ; 1=peu présent ; 2=bien présent ; 3=très présent ; 4=excessivement présent.

SYMPTÔMES PRÉMENSTRUELS
(exemple de cinq jours)

ÉVALUATION DE LA FEMME

Graphique 5

nom :										
cycle menstruel :	1		2		3		4		5	
mois de :	mars 1992									
jours :	1		2		3		4		5	
	D		L		M		M		J	
	m	sx	m	sx	m	sx	m	sx	m	sx
SPM-A										
tension nerveuse										
sautes d'humeur										
irritabilité										
anxiété										
SPM-C										
mal de tête										
fringale pour les sucreries										
appétit augmenté										
palpitations										
fatigue										
étourdissements ou évanouissements										

SPM-H										
gain de poids										
gonflement des extrémités										
sensibilité des seins										
gonflement de ventre										
SPM-D										
dépression										
manque de mémoire										
pleurs										
confusion										
sommeil raccourci ou absent										
DOULEURS DE DYSMÉNORRHÉE										
crampes (bas du ventre)										
mal de dos										
malaises et maux généraux										
POIDS en KG ou en LB										
TEMPÉRATURE BASALE[29]										

Évaluez chacun des symptômes en vous servant des échelles suivantes :

cycle menstruel (saignement) (m) **:** a=absent ; b=peu abondant ; c=assez abondant ; d=abondant ; e=très abondant (avec caillots).

[29] c'est-à-dire la température de base qui est celle d'une personne normale en bonne santé, lorsqu'elle vient de se reposer, après une bonne nuit de sommeil .

symptôme (sx) : 0=absent ; 1=peu présent ; 2=bien présent ; 3=très présent ; 4=excessivement présent.

---

* D'après Guy E. Abraham, *Premenstrual Blues*, Optimox Corporation, Torrance CA, 1989.

DSM-III-R

Les symptômes prémenstruels
(exemple de cinq jours)

ÉVALUATION DE LA FEMME

Graphique 1

nom :										
cycle menstruel :	1		2		3		4		5	
mois de :	mars 1992									
jours :	1		2		3		4		5	
	D		L		M		M		J	
	m	sx	m	sx	m	sx	m	sx	m	sx
1. labilité émotionnelle										
2. colère ou irritabilité										
3. anxiété ou tension										
4. humeur dépressive										
sentiments de désespoir										
ou pensées										
autodépréciatives										
5. intérêt diminué										
6. fatigabilité ou										
manque d'énergie										
7. troubles de concentration										

8. changement de l'appétit										
boulimie										
ou fringales alimentaires										
9. sommeil prolongé										
ou sommeil raccourci										
ou absent										
10. sensibilité des seins										
gonflement des seins										
mal de tête										
mal des muscles										
mal des articulations										
sensation de gonflement										
gain de poids										

POIDS en KG ou en LB

Évaluez chacun des symptômes en vous servant des échelles suivantes :

cycle menstruel (saignement) (m) **:** a=absent ; b=peu abondant ; c=assez abondant ; d=abondant ; e=très abondant (avec caillots).

symptôme (s_x) **:** 0=absent ; 1=peu présent ; 2=bien présent ; 3=très présent ; 4=excessivement présent.

---

* D'après l'*AMERICAN PSYCHIATRIC ASSOCIATION. Diagnostic and Statistical Manual of Mental Disorders-IIIrd Edition-Revised*, Washington, 1987.

À part de ces tests, il serait bon que la femme examine elle-même ses seins afin de savoir s'ils subissent des changements.

L'autoexamen des seins

Tableau 9

1. En station assise ou debout devant le miroir, les bras allongés le long du corps, examinez vos seins pour voir s'il y a un changement de taille ou de forme. Regardez s'il y a une fossette ou un plissement de peau et vérifiez s'il y a un écoulement ou un changement des mamelons.

2. En station assise ou debout devant le miroir, les deux bras levés au-dessus de la tête, regardez les mêmes chose qu'en 1.

3. En position étendue, la main gauche derrière la tête, en commençant à l'extérieur du sein gauche près de l'aisselle, pressez doucement mais fermement, avec la main droite dont les doigts sont ramenés l'un vers l'autre, en gestes circulaires, afin de sentir le tissu mammaire entre les doigts et la cage thoracique. Vérifiez s'il y a des bosses inhabituelles ou des changements.

4. En position étendue, la main gauche derrière la tête, déplacer les doigts vers le mamelon de 2 cm (3/4 po) et pressez tout le tour. Répétez ce geste aussi souvent que nécessaire afin de s'assurer que tout le sein et le mamelon sont examinés.

5. En position étendue, la main gauche derrière la tête, ramenez le bras gauche le long du corps et avec le plat des doigts de la main droite, palpez sous l'aisselle le tissu mammaire à cet endroit.

6. En position étendue, la main droite derrière la tête, répétez la procédure en vous servant cette fois de la main gauche sur le sein droit.

N.B. Vous devez examiner vos seins tous les mois, autant que possible quelques jours après la fin des menstruations.

L'échelle d'appréciation des stress sociaux

Tableau 10

événement	**valeur**
décès du ou de la partenaire de vie	100
divorce	75
séparation	65
emprisonnement	63
décès d'un proche parent	63
accident ou maladie	55
mariage ou cohabitation	50
congédiement	47
réconciliation	45
retraite	45
maladie chez un membre de la famille	44
grossesse	40
troubles sexuels	39
agrandissement de la famille	39
réajustement dans l'entreprise	39
changement de statut financier	38
décès d'un ami cher	37
changement de domaine de travail	35

changement du nombre de discussions conjugales	35
hypothèque ou emprunt supérieur à 10 000 $	31
saisie d'une hypothèque ou d'un emprunt	30
changement de responsabilités au travail	29
départ d'un enfant du foyer	29
problèmes avec la belle-famille	29
réussite personnelle remarquable	28
début ou arrêt de travail du ou de la partenaire de vie	27
début ou fin des études	26
changement des conditions de vie	25
révision des habitudes personnelles	24
problèmes avec le patron	23
modification de l'horaire ou des conditions de travail	20
déménagement	20
changement d'école	20
changement d'habitudes récréatives	19
modification des activités religieuses	19
changement d'activités sociales	18
hypothèque ou emprunt de moins de 10 000 $	17
changement d'habitudes dormitionnelles	16
changement du nombre de réunions de famille	15
changement d'habitudes alimentaires	14
vacances	13
période des fêtes de Noël	12
infraction mineure à la loi	11

Ces questionnaires soigneusement remplis et ces tableaux soigneusement consultés permettent à la femme d'un peu mieux saisir ce qui se passe. Souvent, on imagine que le stress n'est relié qu'à des événements négatifs. Il n'en est rien. Comme on le sait, le stress peut être stimulant parfois, mais destructeur et affaiblissant quand il nous bombarde de toutes parts. L'idée de se renseigner permet d'ajuster son comportement en conséquence et de mieux pouvoir répondre aux questions posées par les médecins en vue d'établir un diagnostic éclairé.

Chapitre 6

Le diagnostic du SMP

Toutes les femmes ayant des ovaires (ou la portion restante d'un ovaire) fonctionnels peuvent être atteintes du SPM. Cette maladie entraîne des changements comportementaux, affectifs, cognitifs et physiques. Le diagnostic est difficile à poser lorsqu'il survient chez des femmes ayant déjà eu une maladie affective. En effet, il existe actuellement un débat concernant la nature des relations existant entre le SPM, les maladies psychiatriques et les changements de l'humeur survenant pendant le cycle menstruel normal.

Pour poser un diagnostic de SPM, on admet généralement que les symptômes doivent débuter au moment de l'ovulation ou quelques jours après. La sévérité des symptômes atteint son paroxysme juste avant les menstruations, les symptômes disparaissant habituellement dès le début des menstruations.

Avant de conclure à un diagnostic de SPM, il importe de faire une anamnèse (histoire de cas) complète ; afin de s'assurer d'un bon diagnostic, nous conseillons à toute femme qui ressent des malaises de tenir un agenda des troubles qui l'assaillent.

Nous avons proposé quelques tests ayant fait leurs preuves et il nous semble qu'afin de pouvoir répondre avec justesse aux questions du médecin, le femme devrait avoir fait un premier travail de détective.

Cette initiative ne pourrait qu'accélérer la prise de décision qu'entraînerait un diagnostic éclairé.

L'anamnèse

L'anamnèse comprend :

- un interrogatoire
- un examen gynécologique
- un examen général
- des examens complémentaires.

• L'interrogatoire

Le médecin demande d'abord à la femme si elle a consigné sur une feuille de papier des détails comme l'année où s'est en premier manifesté le SPM. Le plus souvent, c'est entre 14 et 35 ans, mais dans un tiers des cas, ces symptômes se révèlent passé la quarantaine.

Afin de tout bien prendre en considération, le médecin essaie donc de déterminer avec ses questions :

- l'âge d'apparition des menstruations
- la durée du cycle menstruel
- les circonstances de la vie génitale
- l'âge de survenue du SPM.
- le moment du cycle où survient le SPM.

Ensuite, il demande à la femme de remplir l'un ou l'autre des graphiques dont nous avons parlé au chapitre 5 afin de dépister si la femme est sujette à des troubles de comportement physiques ou psychologiques.

Sont aussi importants les renseignements concernant la vie génitale de la femme. Cette vie génitale regroupe des événements comme la puberté, les grossesses, les avortements spontanés ou provoqués, les MTS, etc. Selon la date du cycle menstruel où le SPM commence à perturber la femme, le groupe de symptômes diffère. Plus le début du SPM est éloigné du début des menstruations, pires sont ses manifestations. Lorsque le SPM se déclenche pendant l'ovulation (±14 jours avant les menstruations), la femme a des symptômes graves et souffre énormément ; s'il survient de 7 à 8 jours avant les menstruations, les symptômes sont moins graves et la souffrance moindre ; s'il commence de 2 à 3 jours avant les menstruations, les symptômes sont en général discrets et peu souffrants.

• L'examen gynécologique

C'est un examen de routine comme la femme doit en passer tous les six mois. Il s'agit de procéder à :

- la palpation des seins pour voir s'ils ont des bosses
- la palpation du foie
- la palpation du ventre pour vérifier la présence de douleurs pelviennes
- la visualisation des parties génitales externes : grandes et petites lèvres, entrée du vagin, pour déceler la présence d'inflammations ou d'infections
- la visualisation, au moyen d'un spéculum[30], des parties génitales internes : cavité vaginale et col de l'utérus afin de dépister toute inflammation, plaie, écorchure, excroissance ou modification de couleur
- le frottis des parois vaginales et du col de l'utérus pour faire un examen des sécrétions et des cellules du col de l'utérus, grattées légèrement au moyen d'un bâtonnet de bois : c'est le test de Pap
- la palpation interne, par le vagin d'une main et le ventre de l'autre main, de l'utérus (pour vérifier ses dimensions, sa forme et sa mobilité) ainsi que des trompes de Falloppe et des ovaires (qu'on ne peut pas voir parce qu'ils sont cachés dans l'abdomen).

• **L'examen général**

Le médecin le fait pour vérifier le poids et ses variations et déterminer s'il dépend d'une rétention d'eau et de sel ou de l'accumulation de graisse. Il doit aussi s'assurer qu'il n'y a aucune maladie ou aucun malfonctionnement d'un système autre que le système de reproduction.

[30] Instrument qui permet l'écartement des parois du vagin.

• **Les examens complémentaires**

Ils peuvent être physiques ou psychologiques.

PAR LE MÉDECIN

- ***physiques***

il s'agit de tests physiques spécialisés afin d'éliminer les causes fréquentes de fatigue que peuvent être l'anémie, l'hypothyroïdie, la fluctuation de la monoamine oxydase, la diminution de la captation plaquettaire de la sérotonine, etc. :

- prise de sang
- dosages hormonaux
- explorations endocriniennes
- courbes de température
- biopsies[31]
- etc.

- ***psychologiques***

il s'agit de tests psychologiques spécialisés que doit interpréter le médecin (ou le psychologue dans le cas de certains tests réservés) :

- inventaire de la dépression de Beck ou Hamilton[32]
- MMPI[33]

---

[31] Prélèvement de tissus pour analyse.

[32] *Beck Self-Rating Scale for Depression* [Échelle d'auto-évaluation de Beck pour la dépression].

[33] *Minnesota Multiphasic Personality Inventory* [Inventaire multiphasique de la personnalité Minnesota].

- test du DSM-III-R
- etc.

PAR LA FEMME

- ***physiques***

- l'autoexamen des seins
- la vérification des sécrétions.

- ***psychologiques***

- les tests du chapitre 5.

Le diagnostic du SPM repose donc essentiellement sur trois (3) critères :

- la présence de symptômes somatopsychiques
- la récurrence cyclique des symptômes pendant la phase prémenstruelle
- la présence de symptômes qui occasionnent aux femmes des problèmes psychologiques, sociaux et professionnels : désaccord marital, violence, accès psychiatrique, absentéisme, etc.

Le diagnostic différentiel

Lorsqu'une femme présente des symptômes compatibles avec le SPM, il est important que le médecin s'assure qu'ils ne fassent pas partie d'un autre trouble dont la présentation clinique est semblable. Par exemple, au point de vue physique, le SPM a fréquemment été confondu avec un autre syndrome relié au cycle menstruel : la ***dysménorrhée***.

La ***dysménorrhée*** se caractérise par les symptômes suivants : crampes abdominales basses, maux de dos pendant les menstruations et, à certains moments, nausées et vomissements. Il y a quelques années, cette maladie était considérée comme une psychopathologie, jusqu'au jour où l'on a découvert le rôle des prostaglandines comme cause déclenchante de ce syndrome.

Dans une étude récente, on a avancé la possibilité que la dysménorrhée et le SPM aient la même cause chez un certain nombre de femmes. D'autres chercheurs ont prouvé que la dysménorrhée diminuait à mesure que la femme avançait en âge, contrairement au SPM qui semble s'aggraver avec l'âge.

Des troubles psychiques autres que ceux présents dans le SPM doivent aussi être vérifiés avant de poser un diagnostic.

Certaines observations permettent de croire en l'existence d'une relation entre le SPM et les maladies affectives. En comparaison avec des groupes contrôles, il semble que la plupart des femmes souffrant de réaction dépressive prémenstruelle aient déjà eu une dépression majeure. De même, les deux-tiers (2/3) des femmes ayant eu une dépression majeure rapportent des changements dysphoriques prémenstruels. C'est pendant la phase lutéale du cycle menstruel que les femmes font des tentatives de suicide. C'est aussi pendant leur période prémenstruelle que l'on admet le plus de femmes dans les services de psychiatrie hospitaliers. Est-ce à dire que les changements affectifs prémenstruels pourraient prédire la vulnérabilité à une maladie affective ? Certains médecins le croient.

La littérature médicale décrit un certain nombre de cas de « psychoses périodiques », de « psychoses cycliques hyperœstrogéniques » (causées par une surabondance d'œstrogènes) et de psychoses récurrentes qui seraient reliées au cycle menstruel et pourraient être contrôlées par la suppression du cycle menstruel.

La distinction, dans ce domaine, est bien délicate à faire. Une bonne évaluation de la situation est cependant cruciale quand le SPM se présente sous son jour le plus noir et met en danger la vie de la patiente ou des autres, alors qu'elle en vient au crime.

Chapitre 7

Les implications médicolégales du SPM

Comme nous l'avons mentionné au chapitre 1, le Dr **Robert Tilden Frank**, le premier médecin à avoir présenté le SPM comme véritable problème médical : *a été frappé par la tension indescriptible qui étreignait certaines femmes de sept à dix jours précédant les menstruations. Accompagnaient cette tension, de l'inquiétude, de l'irritabilité, un désir de « sortir de leur peau » et de se libérer en commettant des actes insensés, imprudents ou répréhensibles et des méfaits. Les femmes en question se rendent compte de leur état et s'en sentent coupables vis-à-vis de leur conjoint, de leurs enfants et de leur entourage.*

Cette constatation du Dr Frank est une réalité pour 50 % des femmes. Le Dr Katharina Dalton, pour sa part, avait remarqué dans sa pratique qu'il y avait plus d'abus d'enfants pendant les phases prémenstruelles et menstruelles ; chez 156 femmes criminelles (ayant commis des crimes d'alcoolisme, de prostitution et de vol), ayant un cycle menstruel de 28 jours, elle détecta que 49 % avaient commis leur crime pendant les phases prémenstruelles et menstruelles.

Dans une autre étude du Dr Dalton avec le Dr d'Orban, 44 % des femmes ayant commis des crimes graves l'avaient fait pendant leurs phases prémenstruelles et menstruelles.

Certains rapports sont plus généreux : ainsi que le mentionne, lors de la 56e Réunion de *l'American Association of Obstetricians, Gynecologists and Abdominal Surgeons* [Association américaine d'obstétriciens, de gynécologues et de chirurgiens abdominaux], qui s'est tenue le 7 septembre 1944, à Hot Springs en Virginie, le Dr **Willard R. Cooke**[34] indique que : dans le rapport d'un préfet de police parisien, on déclarait que 84 % des crimes de violence des femmes à Paris se produisaient pendant la période prémenstruelle et le début de la période menstruelle.

Il y a aussi d'autres statistiques, recueillies par de nombreux médecins à travers le monde, certaines portant le nombre de femmes commettant un crime

---

[34] COOKE, Willard, R. "*Presidential address: The differential psychology of the American woman*" [Discours du président : La psychologie différentielle de la femme américaine], *American Journal of Obstetrics and Gynecology* [Journal américain d'obstétrique et de gynécologie], vol. 49, n° 4, avril 1945, p. 457 à 472.

pendant la période prémenstruelle à 85 et même 92 %, mais il est difficile d'en tirer des conclusions car les méthodologies, les renseignements demandés, les critères d'évaluation sont trop diversifiés. Il faudrait mettre au point un protocole qui serait accepté internationalement et commencer à recueillir des données bien précises.

Comme nous l'avons souligné précédemment, la France reconnaît le SPM comme facteur causal d'une aberration de l'esprit, et en cour, le SPM est considéré comme circonstance atténuante.

En Angleterre[35] en février 1980 (R. *c* Craddock) et en novembre 1982 (R. *c* English), on a réduit une accusation de meurtre à une accusation d'homicide involontaire sans emprisonnement, pour motif de responsabilité diminuée, engendrée par le SPM, une *anomalie de l'esprit*, selon les termes de la section 2 du *Homicide Act* [Acte d'homicide] 1957.

Cette victoire de la psychiatrie légale était tout à fait justifiée si l'on examine les deux causes.

Dans la cause de Sandra Craddock Smith, une jeune femme de 30 ans, le SPM déclenchait chez elle un

---

[35] d'ORBAN, Paul T. "*Premenstrual syndrome: A disease of the mind?*" [Le syndrome prémenstruel : Une maladie de l'esprit ?], *The Lancet* [Le Bistouri], vol. II pour 1981, n° 8260-8261, 19-26 décembre 1981, p. 1413.

BRAHAMS, Diana. "*Premenstrual tension and criminal responsibility*" [La tension prémenstruelle et la responsabilité criminelle], *The Practioner* [Le Praticien], vol. 227, mai 1983, p. 807 à 813.

comportement perturbateur qui la mena en cour 28 fois et lui attira 45 condamnations.

Les psychiatres lui reprochaient de chercher à attirer l'attention, à causer du trouble et d'avoir une personnalité intraitable. Elle s'était ouvert les veines à plusieurs reprises et avait été incarcérée en prison et dans d'autres institutions de correction à plusieurs reprises.

Au cours d'une bagarre dans un bar où elle travaillait, Sandra Craddock poignarda à mort une serveuse et fut accusée de meurtre.

On avait remarqué que son comportement perturbateur était cyclique et n'était pas plus guéri par ses séjours en prison qu'en salle psychiatrique.

C'est le Dr Katharina Dalton qui la traitait avec une injection quotidienne de 100 mg de progestérone. Le juge qui entendit la cause pour meurtre accepta de lui accorder une libertée surveillée de 3 ans à condition qu'elle reçoive cette thérapie.

En 1980, elle fut privée de son injection pendant 4 jours et le dernier jour elle ne mangea pas. Elle lança une brique dans une fenêtre et se rapporta à la police qui l'incarcéra. On expliqua son état, elle reçut de la progestérone et le juge la libéra.

On tenta de réduire la dose de progestérone mais ses excès recommencèrent ; pendant cette période, elle menaça de mort un policier qu'elle attendit derrière le poste de police armée d'un couteau. On l'arrêta et elle fut accusée de tentative de meurtre avec préméditation ainsi que de port d'une arme offensive.

Le jugement qualifia son acte de tentative d'homicide involontaire et elle reçut à nouveau une condamnation de liberté surveillée de 3 ans, à condition qu'elle reçoive la thérapie de 100 mg de progestérone.

Dans la cause de Christine English, une jeune femme de 37 ans, le SPM déclenchait chez elle une dépression mensuelle accrue depuis plusieurs années ; mariée en 1963, mère de deux enfants, elle souffrit une profonde dépression post partum après la naissance du deuxième enfant ; divorcée en 1972, elle vécut maritalement avec un autre homme jusqu'en 1977. Ayant rencontré un dénommé Barry Kitson, en 1976, elle devint sa maîtresse en 1977, une fois séparée de l'homme avec lequel elle vivait alors que Kitson vivait encore avec son épouse. Alcoolique, il démontrait le comportement cyclothymique classique. Dépendant et repentant lorsque sobre, abusif et violent sous l'effet de l'alcool. Une violente querelle déclenchée par la présence d'une nouvelle femme dans la vie de Kitson se termina par son meurtre : English l'épingla sur un réverbère avec sa voiture. Gravement blessé, il mourut quinze jours plus tard.

Accusée de voies de faits graves, puis de meurtre, elle plaida coupable d'homicide involontaire avec responsabilité diminuée.

Au moment du délit, elle était déprimée, exténuée, et en pleine détresse émotionnelle. Provoquée, elle a tué son amant dans un geste incontrôlé. Ses menstruations commencèrent à son départ du poste de police à 5 h du matin.

La raison de son geste, selon le *Homicide Act* n'était pas le SPM, mais bien un état mental anormal caractérisé par une perte de maîtrise de soi soudaine. Elle n'avait jamais été condamnée, et n'avait jamais manifesté de violence.

On ne dit pas que le SPM est une maladie de l'esprit mais plutôt une *anomalie de l'esprit.*

Mais en fait, qu'est-ce au juste qu'une « maladie de l'esprit », sinon un malfonctionnement de l'esprit causé par une maladie... ?

La subtilité est importante, car le malfonctionnement de l'esprit, dans la cause en question, n'est pas causé par un acte de violence, la prise de drogues ou d'alcool, ou un état hypnotique, mais elle est causée par une maladie déclenchée par des fluctuations endocriniennes ou métaboliques. Disons plus précisément que ces fluctuations endocriniennes ou métaboliques pendant le cycle menstruel sont un facteur déclenchant de l'agressivité.

Si nous prenons la formulation d'une partie de la section 2 du *Homicide Act* :

> *(1) Si une personne tue ou est complice du meurtre d'une autre, elle ne sera pas condamnée pour meurtre si elle souffrait d'une telle anomalie de l'esprit (dépendant d'une condition causée par un arrêt ou un retard de développement de l'esprit, de toutes causes inhérentes, ou induite par une maladie ou une blessure) que celle-ci ait perturbé substantiellement sa responsabilité mentale en ce qui a trait à ses actes ou omissions face à la perpétration ou à la complicité d'un meurtre.*

Nous pouvons comprendre la raison pour laquelle de nombreux critiques s'interrogent sur la laxité de cette loi, se demandant si une migraine chronique ne sera pas un jour considérée comme une anomalie de l'esprit ?... Une impulsion irrésistible entraînera-t-elle une responsabilité diminuée ?

Aux États-Unis[36], en septembre 1984, on ne connaisssait qu'un cas de SPM devant la loi (Peuple *c* Santos). Il s'agissait de Mme Santos, une Noire de 24 ans, mère de six enfants, et ensuite stérilisée, qui a maltraité sa fillette de 4 ans pendant ses menstruations. Arrêtée pour voies de fait criminelles et mise en danger du bien-être d'une enfant, elle plaida coupable de harcèlement, de sorte que la cour n'eût pas à se prononcer sur le SPM.

Aux États-Unis, il n'y a pas de critères pour une défense de responsabilité diminuée, même si, en 1953, Me **Howard L. Oleck**[37] a proposé des amendements à la loi afin que l'on reconnaisse la tension prémenstruelle comme forme d'*insanité temporaire*. La même

---

[36] BRUNETTI, Louis L. et TAFF, Mark L. "*The premenstrual syndrome*" [Le syndrome prémenstruel], *The American Journal of Forensic Medicine and Pathology* [Le Journal américain de médecine légale et de pathologie], vol. 5, n° 3, septembre 1984, p. 265 à 268.

[37] OLECK, Howard L. "*Legal aspects of premenstrual tension*" [Les aspects juridiques de la tension prémenstruelle], *International Record of Medicine and General Practice Clinics* [Registre international des cliniques de médecine et de pratique générale], vol. 166, n° II, 2849, novembre 1953, p. 492 à 501.

année, l'endocrinologue Joseph Morton[38] et ses collègues ont dénoté que, lors d'une étude effectuée dans un centre de détention de New York, 62 % des crimes de violence non préméditée avaient été commis pendant la période prémenstruelle.

Au Canada, à Calgary, en 1982, on n'a pas puni deux femmes accusées d'actes criminels de moindre importance : des vols à l'étalage de moins de 25 $, commis pendant la période prémenstruelle alors que ces femmes souffraient de SPM. Le juge Cary Cioni a acquitté une femme accusée d'un vol à l'étalage parce qu'elle était irrationnelle et n'avait pas prémédité son acte. Le juge Robert Dinkel n'a condamné l'accusée d'un vol de 24 $ qu'à une liberté surveillée de 3 ans et à des soins psychiatriques.

Ils ne se sont toutefois pas prononcés sur l'aspect pathologique et psychiatrique du SPM.

Un avocat et docteur en droit, professeur à l'Université d'Ottawa, **Eugene Meehan**[39] et une jeune avocate, **Katherine MacRae** se sont penchés sur les

---

[38] MORTON, J.H., ADDITION, H., ADDISON, R.G., HUNT, L. et SULLIVAN, J.J. "*A clinical study of premenstrual tension*" [Une étude clinique de la tension prémenstruelle], *American Journal of Obstetrics and Gynecology* [Journal américain d'obstétrique et de gynécologie], vol. 65, nº 6, juin 1953, p. 1182-1191.

[39] MEEHAN, Eugene et MacRAE, Katherine. "*Legal implications of premenstrual syndrome: A Canadian perspective*" [Les implications juridiques du SPM : Une perspective canadienne], *Canadian Medical Association Journal* [Journal de l'Association médicale canadienne], vol. 135, nº 6, décembre 1986, p. 601 à 608.

implications juridiques du SPM et ont conclu que le traitement médical était plus indiqué qu'une incarcération en institution.

Si l'on consulte le *Code criminel du Canada*, on peut lire à l'article 16 :

> *(1) [**Aliénation mentale**] Nul ne peut être déclaré coupable d'une infraction à l'égard d'un acte ou d'une omission de sa part alors qu'il était aliéné.*
>
> *(2) [**Quand une personne est aliénée**] Pour l'application du présent article, une personne est aliénée lorsqu'elle est dans un état d'imbécillité naturelle ou atteinte de maladie mentale à un point qui la rend incapable de juger la nature ou la qualité d'un acte ou d'une omission, ou de savoir qu'un acte ou une omission est mauvais.*
>
> *(3) [**Idées délirantes**] Une personne qui a des idées délirantes sur un point particulier, mais qui est saine d'esprit à d'autres égards, ne peut être acquittée pour le motif d'aliénation mentale, à moins que ses idées délirantes ne lui aient fait croire à l'existence d'un état de choses qui, s'il eût existé, aurait justifié ou excusé son acte ou omission.*
>
> *(4) [**Chacun est présumé sain d'esprit**] Jusqu'à preuve du contraire, chacun est présumé être et avoir été sain d'esprit.*

Il ressort de l'article 16, qu'une personne, qui ne peut juger de la nature ou de la qualité d'un acte ou ne sait pas que cet acte est répréhensible, ne peut être tenue responsable criminellement. Elle a le fardeau de prouver son **aliénation mentale**. Le juge Brian Dickson a écrit à ce propos dans le jugement de (R. *c* Cooper), en 1980, : *au sens juridique*, maladie de l'esprit *englobe toute affection, trouble ou condition anormale qui perturbe l'esprit humain et son fonctionnement à l'exclusion, toutefois, d'états autoinduits par l'alcool ou les drogues, ou d'états mentaux transitoires comme l'hystérie ou la commotion cérébrale.*

En fait, pour être accusée, une personne doit avoir été incapable de se rendre compte du geste qu'elle posait ainsi que des conséquences qu'il entraînerait. Un exemple de ceci pourrait être une personne épileptique qui en frappe une autre au cours d'une crise psychomotrice. À toutes fins pratiques, cette maladie qui affecte l'esprit ne peut quand même pas être qualifiée de *maladie de l'esprit.*

De toutes façons, il n'est pas évident qu'il soit préférable pour la femme d'être trouvée aliénée mentalement d'après l'article 16 du *Code criminel du Canada*, car alors, elle devient une pupille du gouvernement et doit être incarcérée dans un hôpital psychiatrique pour criminels.

Il semble de toute manière qu'une femme souffrant de SPM comprend ses actes et leurs conséquences, mais ne peut s'empêcher de les commettre.

À part l'aliénation mentale, un avocat peut évoquer comme cause de non culpabilité de sa cliente l'**automatisme** d'un acte. Une personne peut faire un acte, mais ne pas être consciente de ce qu'elle fait. Il s'agirait alors d'un acte involontaire inconscient. Un exemple de ceci serait le somnambulisme, ou un état inconscient s'accompagnant d'actions involontaires.

L'automatisme se situerait à mi-chemin entre la responsabilité criminelle et l'aliénation mentale.

À part l'aliénation mentale et l'automatisme, une dernière cause non culpabilité serait le **mens rea** (esprit coupable) où un acte ne devient coupable que si l'esprit est coupable.

Pour déterminer l'état d'esprit d'une personne au moment où elle commet un acte répréhensible, il faut procéder à une évaluation subjective. Avait-elle l'intention de commettre son crime ou bien son esprit était-il coupable ? Il faut préciser à ce stade si elle avait une **intention spécifique** ou une **intention générale**. Si l'intention spécifique est facile à prouver, l'intention générale ne l'est pas. Pour la prouver, il faut établir l'absence de maîtrise mentale et l'absence d'intention pour obtenir un but immédiat.

En 1957 en Angleterre, on avait accepté comme cause atténuante les facultés affaiblies ; la Cour suprême du Canada a refusé de considérer cette défense.

Le juge ne reconnaît le SPM comme facteur atténuant que lorsque l'expert médical reconnaît lui-même le SPM comme maladie médicale.

Pour que soit considérée valable cette maladie en cour, il faut des dossiers bien montés indiquant la récurrence, pendant la période prémenstruelle, de symptômes comme la perte de maîtrise de soi, l'amnésie, la confusion, la violence conjugale ou familiale, les tentatives de suicide, le comportement aberrant, ou tout autre symptôme du SPM. Ces dossiers colligés par la femme elle-même, par son médecin, par la police ou par les institutions carcérales ou psychiatriques permettent d'établir la cyclicité du trouble et sa récurrence.

Les médecins sont de plus en plus sensibilisés au syndrome prémenstruel heureusement. Mais malgré tout, les critères diagnostics ne sont pas encore tout à fait établis, les causes de la maladie, trouvée et le bon traitement, découvert.

Le Dr **Ruth Simkin**, un médecin de famille canadien qui a traité plus de 60 femmes souffrant de SPM, croit que le SPM est une maladie causée par un déséquilibre hormonal. D'après elle, les victimes de cette maladie deviennent si déprimées qu'elles cherchent une punition. Leur geste serait en quelque sorte un appel au secours.

Ne serait-il pas temps que l'on commence à traiter sérieusement ce malfonctionnement endocrinien qui agit sur la chimie du cerveau et cause autant de désordres dans la vie individuelle des femmes qui en souffrent, que dans leur vie familiale, sociale et professionnelle ?

Chapitre 8

Les causes du SPM

Une variété remarquable d'hypothèses, parfois complémentaires, parfois contradictoires, mais le plus souvent controversées et non concluantes, ont été proposées pour expliquer le SPM. Elles peuvent être :

- **génétiques**

  - peu de chercheurs ont tenté d'établir la transmission génétique du SPM à l'exception des Drs **Olof Widholm** et **Riitta-Liisa Kantero**[40] Ces derniers rapportent, en 1971, sous le titre général : "*A*

[40] WIDHOLM, Olof et KANTERO, Riitta-Liisa. "A statistical analysis of the menstrual patterns of 8,000 Finnish girls and their mothers", *Acta Obstetricia et Gynecologica Scandinavica* [Actes d'obstétrique et de gynécologie de Scandinavie], suppl. 14, 1971, p. 3 à 36.

statistical analysis of the menstrual patterns of 8,000 Finnish girls and their mothers" [Une analyse statistique des patterns menstruels de 8 000 jeunes filles finlandaises et de leurs mères] :

- que la ménarche (apparition des premières menstruations) chez 8 111 jeunes filles était survenue entre 10 et 16 ans (cet âge diminue d'environ 6 mois par décennie depuis le XIXe siècle)

- que les patterns menstruels (cycle, durée, régularité, douleur menstruels et tension prémenstruelle), quant aux âges chronologiques et gynécologiques, étaient similaires entre 5 500 jeunes filles et leurs mères

- que les caractéristiques menstruelles entre 5 000 jeunes filles et leurs mères (après comparaison de la constitution, l'âge de la ménarche, le cycle, la durée, la régularité, la douleur menstruels et la tension prémenstruelle) étaient semblables

mais ils n'ont pu fixer avec certitude la question de savoir si le comportement acquis ou la constitution génétique jouait le rôle le plus important ;

- l'étude des jumelles révèle que bon nombre d'entre elles souffrent de SPM ;

- **évolutive**

certains chercheurs croient que le SPM ferait partie d'une phase d'hostilité féminine délibérément programmée au fil de l'évolution des temps pour décourager le mâle de perdre ses énergies sexuelles aux périodes où la reproduction n'était pas possible...;

- **allergique**

à cause de la présence d'urticaire, d'asthme, de maux de tête et d'œdème, on croit qu'une allergie pourrait être à l'origine du SPM ; on a noté une augmentation de l'histamine, une amine biogène contribuant, entre autres, à la vasodilatation des capillaires sanguins ; l'administration d'histaglobine produit un effet favorable ;

- **vasculaire**

la diminution du tonus vasculaire due à une anomalie du contrôle neurovégétatif entraîne une baisse du volume sanguin total circulant ; cette dernière provoque une sécrétion d'hormones antidiurétiques et d'aldostérones destinée à la corriger ;

- **endocriniennes**

  - si on estime que le SPM serait secondaire à une dysfonction de l'hypothalamus, c'est parce qu'on a observé chez la femme une anomalie de la soif, de l'appétit et du sommeil. Ce seraient les stéroïdes ovariens qui affecteraient une variété de neurotransmetteurs au niveau de l'hypothalamus ;

  - quant au déséquilibre des œstrogènes-progestérones, suggéré par le Dr Frank, il serait dû à une déficience du taux de progestérones créant ainsi un excès relatif d'œstrogènes. Pourtant cet équilibre des œstrogènes et progestérones est délicat, car ces hormones sont capables d'influencer les neurotransmetteurs comme la noradrénaline, la dopamine, la sérotonine et le GABA de même que de régler le taux de la monoamine oxydase ; cette hypothèse semble plausible car les symptômes s'intensifient lorsque le taux de progestérones diminue à la fin de la phase lutéale ; la surabondance d'œstrogènes serait responsable de la rétention de liquides et de la perturbation du métabolisme des hydrates de carbone ; les manifestations neuropsychiques du SPM seraient pour leur part causées par l'accumulation d'œstrogènes dans le système limbique ;

- une production excessive de prostaglandines pourrait expliquer certains symptômes du SPM, surtout les douleurs du ventre, l'œdème et la diarrhée ;

- une hypoglycémie pourrait être à l'origine du SPM puisque certaines femmes ont des problèmes de faim, de fatigue, de nervosité et de sueurs froides ; toutefois, la prise de sucre ne corrige pas les symptômes du SPM et les signes d'hypoglycémie sont rarement limités à la période prémenstruelle ;

- un déficit de la vitamine B_6 entraînerait une diminution de la synthèse de sérotonine à partir du l-tryptophane ; comme cette cœnzyme est également impliquée dans la biosynthèse de la dopamine, un déficit de la dopamine pourrait entraîner une hypersécrétion de prolactine ; toutefois, ces hypothèses n'ont jamais reçu de confirmation ;

- la prolactine à cause de son action sur les seins a souvent été associée au SPM ; cette hormone permet la rétention d'eau, de sodium et de potassium et participe à la libération et au métabolisme de la dopamine ; la rétention d'eau n'est toutefois pas une cause suffisante pour déclencher les symptômes du SPM ;

- un excès d'hormones ayant des propriétés antidiurétiques (empêchant l'élimination de l'eau) comme les angiotensines, aldostérones, vasopressines, œstrogènes pourraient contribuer à la rétention d'eau ;

- une déficience d'hormones natriurétiques (permettant l'élimination du sel par l'urine) comme les progestérones et prostaglandines ;

- une allergie aux hormones endogènes ou à leurs métabolites causant des éruptions cutanées pourrait être responsable des symptômes du SPM ;

- les endorphines qui sont reliées à la douleur, au comportement et à l'humeur, pourraient être une cause du SPM ; l'administration de naloxone, un antagoniste opiacé, a augmenté la sévérité des symptômes en comparaison avec un placebo ;

- **psychologiques**

- l'attitude psychologique de la femme face à ses menstruations, à une sexualité non épanouie, à de la névrose ; beaucoup croient qu'une prédisposition psychique expliquerait le SPM ; la présence de signes neuropsychiques plaide en faveur de l'existence de troubles de la personnalité ou du comportement névrotique des femmes qui en sont atteintes ; les signes du SPM sont parfois difficiles à différencier de ceux de l'état anxieux ;

- une condition psychosomatique reliée à la réaction de la femme vis-à-vis de sa sexualité et sa relation avec sa mère ;

- l'expression inconsciente d'un conflit œdipien non résolu et d'un désaccord conjugal refoulé ;

- la perception de l'écoulement menstruel qui pourrait intensifier chez certaines femmes des conflits conscients et inconscients au sujet de la grossesse et de la peur d'avoir un enfant ;

- **psychiatrique**

nombre d'auteurs croient que certaines patientes disant souffrir du SPM souffrent en fait d'une maladie affective atypique. Plus de 70 % des patientes atteintes de dépression ont une aggravation de leurs symptômes en période prémenstruelle ; d'autres chercheurs pensent que les jeunes patientes manifestant les symptômes du SPM auraient plus de risques de souffrir de dépression au cours de leur vie ; il reste toutefois qu'un pourcentage élevé de femmes qui sont aux prises avec le SPM n'ont aucun antécédent psychiatrique.

Les causes énumérées ne sont pas les seules. Aussi apparaît-il sage pour l'instant d'admettre que ce syndrome est le résultat d'un déséquilibre multifactoriel ou l'expression d'un ensemble d'affections disparates ; ceci expliquerait la discordance entre les différentes études.

Chapitre 9

Les traitements du SPM

Malgré les nombreuses critiques concernant les soi-disant traitements du SPM, il existe une action concertée proposée par les médecins, qui permet d'alléger sinon de supprimer les malaises et maux causés par le SPM. Il s'agit d'un traitement en plusieurs volets puisque, comme nous l'avons exposé, le SPM est une maladie biopsychosociale. Il faudrait que tous les intervenants se donnent la peine de s'y intéresser, car, ainsi que nous l'avons rapporté au chapitre 7, le SPM peut entraîner des conséquences graves pour la société dans de trop nombreux cas. Les formes de thérapies proposées concernent :

L'ALIMENTATION
LA RÉDUCTION DU STRESS
LA RELAXATION
LES EXERCICES

L'APPROCHE BIOPSYCHOSOCIALE
LES THÉRAPIES MÉDICALES.

La première chose à changer pour tenter de contrôler le SPM est l'ALIMENTATION.

On se l'est fait répéter : *l'alimentation, c'est la base de la vie* ; on ne l'a pas encore accepté, compris, saisi, mais c'est un fait.

L'ALIMENTATION

Les ennemis à éviter pour éloigner le SPM sont :

- **le sucre**
- **les hydrates de carbone nocifs**
- **les produits laitiers**.

Comme dans tout domaine, la mesure est cependant indiquée. Si l'on considère que les six nutriments essentiels dans un régime équilibré sont :

- les hydrates de carbone
- les graisses
- les protéines
- les vitamines
- les minéraux
- l'eau,

il faut savoir les doser. Chacun d'entre eux a ses utilités et ils doivent être consommés de manière intelligente, c'est-à-dire équilibrée, puisqu'ils ne peuvent individuellement faire fonctionner l'organisme ; mais ainsi que dans tout mécanisme, l'apport mesuré de chaque nutriment assure l'interaction harmonieuse de l'ensemble.

Si nous rappelons les quatre types de SPM, nous voyons les causes déclenchantes ; ce sont des déficiences ou des surabondances de substances nécessaires à l'organisme, mais surtout la présence ou l'absence des œstrogènes, qui sont des stimulants du système nerveux central, et des progestérones, qui sont des dépresseurs du système nerveux central.

Les causes principales des quatre types de SPM

Tableau 11

déficience	**surabondance**
SPM-A	
magnésium progestérones vitamine B_6	œstrogènes amines
SPM-H	
magnésium progestérones vitamine B_6 sucre raffiné	œstrogènes hydrates de carbone aldostérones
SPM-C	
magnésium prostaglandines PGE_1	hydrates de carbone stress

vitamine B	sérotonine
SPM-D	
magnésium œstradiol vitamines B	progestérone stress

Dans le SPM-A, l'absence de vitamines B_6 empêche le foie d'excréter des œstrogènes ; comme il y a trop d'œstrogènes et que les progestérones sont déficientes, les œstrogènes permettent une surabondance d'épinéphrine, de noradrénaline et de sérotonine ; ces amines de même qu'une déficience de magnésium permettent que survienne l'anxiété, la tension nerveuse, l'irritabilité et les autres troubles de l'humeur.

Dans le SPM-H, la surabondance d'aldostérones, entraînée par une déficience de magnésium et de progestérones, cause la rétention d'eau, d'où une sensation de gain de poids et un gonflement des extrémités (pieds, mains) et de la figure, des seins et du ventre ; la prise d'hydrates de carbone (sucre raffiné) en surabondance empêche le foie d'excréter le sel ; donc : plus de sel, plus d'eau, plus d'hydratation.

Dans le SPM-C, la déficience de vitamines B ne permet pas au cerveau de recevoir assez de glucose, c'est pourquoi la personne sent un besoin irrésistible de manger des hydrates de carbone[41] ; l'excès de

[41] Les hydrates de carbone se trouvent surtout dans les féculents et les sucres : pain, produits boulangés, céréales, riz, pâtes et mets très sucrés ; mais on en trouve aussi dans les fruits, les légumes et le lait.

sucre, la fatigue et augmente la sérotonine qui lui cause des palpitations, de la tension et des maux de tête qui peuvent être augmentés par le stress ; le stress à son tour pousse à manger des sucreries, créant ainsi un cercle vicieux...

Dans le SPM-D, le stress siphonne les vitamines B, les autres vitamines et les minéraux d'où il s'ensuit une surabondance d'hormones qui diminuent les œstrogènes (œstradiol) et font augmenter les progestérones ; un déséquilibre de la chimie du cerveau enclenche la dépression et ses conséquences.

Afin de contrôler une bonne partie des symptômes du SPM, les spécialistes s'entendent pour suggérer :

de DIMINUER :

- le sucre raffiné
- le sel
- les produits laitiers
- les viandes rouges
- l'alcool
- le café
- le thé
- le chocolat
- le tabac
- les protéines
- les graisses saturées et cuites

et d'AUGMENTER :

- les légumes verts feuillus
- les légumineuses
- le poisson

- la volaille
- les grains entiers
- les céréales
- les aliments contenant de l'acide linoléique (huile de carthame ou huile de tournesol non cuite).

Selon les normes de nutrition canadiennes, les besoins nutritifs de la femme sont :

Les besoins nutritifs de la femme

Tableau 12

éléments nutritifs	âge 13-15	âge 16-20	poids 56 kg (124 lb) travail sédentaire	poids 56 kg (124 lb) travail intense
calories	2600	2450	1900	3550
protéines	75 g	50 g	39 g	39 g
calcium	1200 mg	1000 mg	500 mg	500 mg
fer	12 mg	11 mg	10 mg	10 mg
vitamine A	2700 UI	3200 UI	3700 UI	3700 UI
vitamine D	400 UI	400 UI	—	—
vitamine C	30 mg	30 mg	30 mg	30 mg
thiamine	0,8 mg	0,7 mg	0,6 mg	1,1 mg
riboflavine	1,3 mg	1,2 mg	1 mg	1,8 mg
niacine	8 mg	7 mg	6 mg	11 mg

Les aliments recommandés sont :

Les sept groupes alimentaires de base

Tableau 13

groupe aliments		nombre de portions par jour
1	lait et autres produits laitiers riches en calcium	deux
2	fruits et légumes riches en vitamine C : - ananas frais - citron - cantaloup - fraises fraîches - pamplemousse frais - jus de pamplemousse - lime - orange - jus d'orange - tangerine - chou cru - laitue crue - poivron vert cru - tomate fraîche - tomates en conserves - jus de tomate	deux

3	légumes riches en vitamine A : (crus, cuits, en conserve ou congelés) - asperges fraîches - brocoli - carottes - citrouille - chou - chou de Bruxelles - chou frisé - courge - endives - haricots verts - haricots jaunes - haricots de Lima - laitue - petits pois - poivron vert - poivron rouge - rutabaga - scarole - verdure d'oronge	une ou +
4	autres fruits et légumes : (crus, cuits, en conserve ou congelés) - artichaut - aubergine - avocat - betterave - céleri - champignons - chou fleur	deux ou +

- choucroute
- maïs
- navet blanc
- oignons
- panais
- patate douce
- poireaux
- pomme de terre
- radis
- salsifis
- topinambour

- abricot
- ananas
- jus d'ananas
- baies
- banane
- canneberges
- cerises
- dattes
- figues
- gadelles
- melon d'eau
- pêche
- poire
- pomme
- pruneaux
- prunes
- raisins
- raisins secs
- rhubarbe

5	céreales et pain : (enrichis ou de grains entiers) - biscuits à la farine enrichie - céréales aux flocons d'avoine - céréales de blé entier - craquelins à la farine enrichie - craquelins au soya - pain aux flocons d'avoine - pain de blé entier - pain blanc - pain de seigle foncé - riz brun - autres céréales	une ou +
6	protéines : viandes, poisson, volaille et légumineuses (frais, fumé, en conserve ou congelé) - abats (cervelle, cœur, foie langue, ris, rognons) - agneau - bœuf - canard - charcuterie - dinde - fruits de mer - légumineuses - oie - poissons - poulet	une

		deux ou +
	- amandes - beurre d'arachide - farine de soya - gruau de maïs - haricots de soya	
	œufs	quatre ou +
7	beurre et margarine	une ou +

Les vitamines et minéraux nécessaires sont les suivants :

Les vitamines et minéraux nécessaires

Tableau 14

acide folique : viande, fruits et œufs
acide pantothénique : viandes, poisson, œufs et légumes
biotine : viandes, œufs, légumes et noix
calcium : fromage, fromage blanc frais, fromage en grains, saumon, fruits de mer et brocoli
cuivre : viandes, fruits de mer et noix
fer : viandes, volaille, fruits de mer, œufs, noix, légumes verts feuillus
iode : fruits de mer et poissons de mer
magnésium : viandes, noix, fruits de mer, grains entiers, légumes verts et noix
phosphore : viandes, volaille, poisson, fromage et noix

potassium : fruits, légumes, viandes et poisson
vitamine A : légumes feuillus, fromage et œufs
vitamine B_1 (thiamine) : graines, viandes, volaille, poisson, jaunes d'œuf, légumineuses et noix
vitamine B_2 (riboflavine) : fromage, œufs, viandes, légumes feuillus, grains entiers, légumineuses et noix
vitamine B_3 (niacine) : volaille, viandes, poisson et légumes feuillus
vitamine B_6 (pyridoxine) : viandes, grains entiers, germes de blé, légumineuses et légumes verts feuillus
vitamine B_{12} : viandes, poisson, œufs et fromage
vitamine C (acide ascorbique) : fruits citrins, cantaloup, fraises, luzerne, brocoli, tomates et poivrons verts
vitamine D : poisson
vitamine E : légumes feuillus, noix et œufs
vitamine K : légumes verts
zinc : légumes veuillus verts, fruits, viandes et légumes.

LA RÉDUCTION DU STRESS

Le stress est un ensemble d'actions et de réactions non spécifiques qui surviennent dans l'organisme après une agression quelconque. Par agression, on entend, en termes psychiatriques, toute attaque violente sur les plans physique, verbal ou symbolique. La personne agressée répond par des réactions de défense ou d'adaptation, qui sont quelquefois mal dosées et épuisent l'organisme, entraînant du même coup de graves maladies que l'on nomme maladies de l'adaptation.

C'est **Hans Selye** qui a attiré l'attention sur ce comportement où le système nerveux atteint déclenche des lésions organiques.

Pour éviter les maladies physiques déclenchées par le stress, il existe plusieurs techniques de relaxation : nous vous en présentons quelques-unes :

La relaxation progressive

Mise au point par **Jacobson** dans les années 30, la relaxation progressive se pratique en position étendue.

Au moyen de directives, la personne est appelée à prendre conscience de la sensation de contraction de certains muscles.

Si on prend comme exemple le bras :

le thérapeute, de vive voix ou par l'intermédiaire d'une cassette audio, donne comme directive :

Pliez l'avant-bras sur le bras en contractant fortement les muscles. Portez attention à la sensation que produit la contraction des muscles. Relâchez les muscles et laissez retomber l'avant-bras.

L'idée est d'apprendre à relâcher de plus en plus chaque muscle :

- des bras
- des mains
- des pieds
- des jambes

- du ventre
- du système respiratoire
- de la tête
- du front
- des sourcils
- des lèvres.

Il semble que de six à sept séances suffisent pour obtenir une bonne relaxation.

Le training autogène

Mis au point par **Schultz**, le training autogène, qui se pratique en position étendue, est une technique de relaxation qui conduit au sommeil.

Au moyen de directives, la personne est appelée à se détendre.

Les exercices de décontraction se situent au niveau :

- des muscles
- du système vasculaire (vaisseaux sanguins)
- du cœur
- du système respiratoire
- des organes du ventre
- de la tête.

Après avoir suivi une série de directives données par un thérapeute, de vive voix ou par l'intermédiaire d'une cassette audio, la personne doit se répéter mentalement :

- *Je suis tout à fait calme.*
- *Mon bras est tout à fait lourd.*

Pendant les 15 premiers jours, on ne pratique les exercices qu'une demi-minute. À la fin de chaque exercice, la personne doit faire des flexions et extensions énergiques des bras, inspirer à fond, ouvrir les yeux et se lever lentement pour revenir à un niveau de tension normal.

Il semble qu'au bout de six à dix semaines, la relaxation atteinte entraîne le calme intérieur.

Le yoga

La plus ancienne méthode de relaxation, le yoga est une philosophie de vie basée sur la non-violence et le détachement du monde extérieur.

Le hatha-yoga comprend 3 étapes :

1. 12 poses ou postures
2. 84 poses ou postures
3. exercices de respiration et de fonctionnement des parties du corps dont la maîtrise est perdue.

Le thérapeute, de vive voix ou par l'intermédiaire d'une cassette audio, donne des directives.

Chaque séance dure 1 heure, et 20 postures permettent d'arriver à de bons résultats. Les effets réels se font sentir en une période de 3 à 12 mois.

La méditation transcendantale

Importée en Occident par le **Maharashi Mahesh Yogi**, la méditation transcendantale est dénuée de rigueur et de contrôle physique.

L'apprentissage se fait en 7 étapes.

Le thérapeute, de vive voix ou par l'intermédiaire d'une cassette audio, donne à la personne un mot de consonnance indienne à répéter et méditer : c'est le mantra.

En position assise et confortable, la personne ferme les yeux et médite, en répétant le mantra, dans le calme et la tranquillité, en évitant les distractions et les pensées dérangeantes, pendant 20 minutes respectivement, le matin et le soir.

La rétroaction biologique

En position confortable, la personne apprend à se détendre et à contrôler ses muscles ou ses fonctions physiologiques ; au moyen de dispositifs visuels, auditifs ou autres, elle est aidée à prendre conscience de la décontraction de ses divers muscles.

Ainsi, la rétroaction biologique peut être utile pour constater le degré de tension des muscles du front qui déclenchent des maux de tête ou des migraines. Au moyen d'électrodes appliquées sur le muscle frontal, la rétroaction permet d'amplifier l'activité électrique du muscle et à la transformer en ondes sonores que la personne peut entendre grâce à un écouteur ou à un haut-parleur, ou bien la transformer en graphiques que la personne peut voir sur un moniteur.

Pour avoir de bons résultats avec la rétroaction biologique, la personne doit coopérer et participer sérieusement au traitement.

Il existe d'autres techniques de relaxation structurées. Mais on ne devrait pas négliger non plus des activités effectuées par la personne seule dans le calme et la tranquillité, comme écouter de la musique classique, lire un bon livre, coudre, peindre, faire du jardinage, prendre un bain chaud, ou tout autre activité qui détend la personne qui a besoin de relaxation.

LES EXERCICES

Il existe une foule de programmes d'exercices ; les centres sportifs en recommandent sur mesure aux personnes qui leur en font la demande.

Autrement, les centres récréatifs paroissiaux, les YMCA, les YWCA, les centres de conditionnement physique, les centres d'entraînement à la technique Nadeau et autres sont autant d'endroits où l'on peut se renseigner et obtenir des programmes d'exercices.

Si nous mentionnons les exercices comme traitement, c'est qu'ils sont excessivement importants dans la vie en général, mais surtout pour la femme aux prises avec le SPM.

De nombreuses études ont en effet démontré que les exercices physiques entraînent une libération de substances d'allure opiacée appelées *ß-endorphines*, produisant un effet euphorisant (qui déclenche le bien-être physique et affectif) ; les ß-endorphines, un peu comme la morphine, analgésient et peuvent causer de l'accoutumance.

On conseille l'exercice pour le SPM, tout comme on l'exige presque, afin de prévenir les maladies cardiaques, le gain de poids et la fatigabilité, et afin d'augmenter la force physique, la relaxation de la tension musculaire, le fonctionnement respiratoire et l'absorption d'oxygène, et l'endurance.

De nombreuses études ont en effet fait état de la piètre oxygénation de personnes dont les muscles étaient tendus.

Le grand avantage de l'exercice physique est de revitaliser l'humeur chez la personne saine. Pour cette raison, on le prescrit beaucoup aux déprimés (qui ont l'humeur chagrine) et, comme dans le SPM il peut y avoir un volet dépressif, il nous semble tout indiqué d'insister sur cette forme de thérapie préventive. Elle serait essentielle à raison de périodes d'une demi-heure **au moins quatre (4) fois par semaine**. Bien entendu, il ne faut pas faire d'exercices si on a un mal de tête terrrible ou des crampes qui scient en deux. Mais autrement, il faut inclure l'exercice physique dans son hygiène de vie.

L'APPROCHE BIOPSYCHOSOCIALE

Il existe une attitude à adopter face au SPM. Comme dans nombre de troubles de la santé, que ce soit l'alcoolisme, le SIDA, la schizophrénie ou la psychose maniacodépressive, la réaction première est le DÉNI. Dans le SPM, le déni provient autant de la femme devant ses symptômes que des gens qui l'entourent : sa famille, ses parents, ses amis et les intervenants du milieu médical, paramédical ou social.

Le SPM est pourtant réel et les troubles du comportement et de la santé qu'il déclenche sont aussi bien réels. Ceux et celles qui ne le saisissent pas sont les mêmes qui n'arrivent jamais à se mettre dans la peau des autres et à les comprendre ; ce sont ces personnes qui doivent, par exemple, se faire laisser par une ou un partenaire de vie pour enfin comprendre que TOUT peut arriver à TOUT LE MONDE, que tous et chacun d'entre nous ne sommes pas immunisés contre les accidents cérébrovasculaires, la sclérose en plaque, la dépression, les accidents ou l'un ou quelques-uns des mauvais coups du sort, qui nous guettent à plus ou moins brève échéance.

Nous proposons donc comme réflexion débouchant sur l'action :

1. une prise de conscience du problème
2. une sensibilisation de l'entourage
3. une prise en charge du SPM
4. un changement d'activités nocives
5. la consultation d'un médecin spécialisé dans ce domaine.

La prise de conscience du problème

Cette prise de conscience peut se faire par la lecture de documents traitant du SPM. Nous en mentionnons dans la bibliographie et votre médecin spécialisé en SPM pourra vous en suggérer d'autres.

La sensibilisation de l'entourage

Les livres et articles qui servent à vous renseigner peuvent être prêtés aux gens autour de vous pour les sensibiliser au problème. Il est bien important d'expliquer aux autres que les changements d'humeur ne sont pas reliés à eux ou à vous mais bien indépendants de votre volonté.

La prise en charge du SPM

Ayant décidé d'agir devant ces malaises et maux engendrés par le SPM, la femme se sent plus confiante en elle-même et moins attaquée. Elle peut à nouveau s'affirmer, car elle sait maintenant ce à quoi elle fait face. C'est à ce stade que la femme décide de s'organiser en se fixant un programme de vie au point de vue de l'alimentation, de la relaxation et du conditionnement physique.

Le changement d'habitudes nocives

Réorganiser ses habitudes alimentaires comprend autant un régime axé sur la prise de produits nutritifs de base que sur la cessation ou du moins la diminution de la prise de substances comme l'alcool, la drogue, les sucreries, la caféine et la nicotine, par la femme.

Il est aussi recommandé à ce stade de regarder en face les problèmes de la vie courante qui contribuent au stress, donc à l'exagération du SPM. Parmi ce genre de problèmes, on peut voir l'abus de violence, l'abus de substances accoutumantes, la présence de maladie physique ou mentale non traitée, ou dont le traitment est mal suivi, d'un ou de membre(s) de la maisonnée.

La consultation d'un médecin spécialisé dans ce domaine

C'est probablement l'étape la plus importante, car elle peut faciliter les quatre autres que nous venons de mentionner. Comme les troubles de l'humeur sont, pour la plupart des femmes souffrant de SPM, l'aspect le plus perturbateur, le médecin est le seul professionnel de la santé qui peut l'aider, quand les autres sortes d'approches non médicales n'ont pas porté fruit, car c'est le seul qui peut prescrire des médicaments ; le psychiatre étant bien habitué à tous les effets secondaires qu'entraînent les médications psychotropes, c'est-à-dire celles qui contrôlent les troubles de l'humeur, il serait bon d'en consulter un ; un autre médecin spécialiste du SPM peut aussi vous aider s'il a une assez longue expérience de la prescription de ce genre de médicaments. Mais ces médecins pour la plupart préfèrent que ce soit un psychiatre qui s'occupe de la thérapie médicamenteuse psychotrope, à cause de sa formation et de son expérience dans ce domaine.

Si les symptômes sont moins psychologiques que physiques, la consultation d'un endocrinologue, d'un gynécologue, d'un hématologue (pour la circulation sanguine) ou du spécialiste approprié, dépendant du trouble physique le plus important, est indiquée.

LES THÉRAPIES MÉDICALES

Les thérapies médicales qui ont été proposées pour le SPM sont nombreuses et variées. Ceci tient à la fois à la diversité des symptômes observés et à la multiplicité des théories avancées. Nous vous proposons une courte revue critique et une évaluation de différents traitements.

Les progestérones

Le traitement de progestérones a été suggéré par le Dr Katharina Dalton qui pose comme facteur causal principal du SPM la déficience de progéstérones à la fin de la phrase lutéale. Il s'agit donc d'un traitement de substitution (donner les hormones qui manquent) qui doit être administré pendant la phase lutéale. Il n'existe pour l'instant aucune preuve définitive de l'intérêt thérapeutique de progestérones de substitution dans le SPM.

Les diurétiques

Un certain nombre de femmes atteintes du SPM ont un œdème généralisé. Quand il y a évidence de rétention d'eau, les diurétiques peuvent être utiles, mais le risque de causer une surabondance d'aldostérones doit être considéré. C'est la spironolactone qui est le diurétique de choix, puisque c'est un antagoniste de l'aldostérone. On recommande de le prescrire de 1 à 2 jours avant que les symptômes du SPM commencent, et de continuer jusqu'au début des menstruations. Il s'agit là d'un traitement symptomatique qui vise à combattre la rétention d'eau. Une étude montre que la spironolactone peut réduire de 80 % les symptômes psychologiques.

La vitamine B_6

La vitamine B_6 ou pyridoxine est une cœnzyme impliquée dans le métabolisme de neurotransmetteurs. Plusieurs études ont investigué le rôle possible de la vitamine B_6 dans le SPM. La vitamine B_6 a souvent été administrée à des femmes souffrant du type de SPM où les symptômes psychologiques prédominent. Il semble que le soulagement des symptômes provient plus de l'effet placebo que de l'action pharmacologique de la vitamine B_6.

Les antiprostaglandines

D'après certaines théories, les prostaglandines seraient en partie responsables du SPM. Une étude bien contrôlée a démontré l'efficacité thérapeutique de l'acide méfénamique, qui empêche la synthèse des prostaglandines, contre les symptômes suivants : la tension du ventre et des seins et les signes neuropsychiques.

La bromocriptine

La bromocriptine est un agoniste dopaminergique qui empêche la sécrétion de la prolactine. Le traitement de bromocriptine doit être considéré seulement dans les cas de mal de seins et de rétention d'eau.

La clonidine

La clonidine est un médicament agissant comme agoniste sur les récepteurs α - 2. Son action serait dirigée vers un endroit spécifique du cerveau, appelé le *locus cœruleus* (un des noyaux gris) et réduirait la libération de noradrénaline. Au moins une étude a démontré que la clonidine atténue les symptômes du SPM de façon significative.

Le danazol

Le danazol est un stéroïde synthétique qui empêche l'ovulation de façon réversible en influençant plusieurs niveaux du mécanisme de contrôle de la reproduction. Cette thérapie peut être utile pour les femmes qui souffrent de maladie psychiatrique sévère et récurrente dont les attaques semblent reliées au cycle menstruel. Le danazol est efficace contre le mal de seins mais a peu d'effet sur les autres symptômes du SPM. On conseille une thérapie à court terme, de 6 à 12 mois. Ce médicament peut entraîner un gain de poids, de l'hirsutisme (pousse exagérée des poils), une réduction des seins, une perte de désir sexuel, des bouffées de chaleur, des sueurs, des maux de tête, des crampes musculaires et de la dépression.

Les contraceptifs oraux

Pour essayer de contrôler le SPM, quelques médecins donnent des contraceptifs oraux comme traitement de premier choix. Ceux-ci améliorent parfois les symptômes, mais dans certains cas, il ne font qu'exagérer la symptomatologie. Le rôle thérapeutique des contraceptifs oraux demeure une énigme. Il faut être prudent avec cette thérapie si la femme a plus de 35 ans et qu'elle fume.

Le narcoleptique

La prise de narcoleptiques pour dormir est un traitement qui n'est pas reconnu comme valable.

L'agent antifongique

Une théorie voulant que l'utilisation de contraceptifs oraux et d'antibiotiques diminuent la flore intestinale, ce qui entraînerait une prolifération de *Candida albicans*. Le *Candida albicans* est une levure ou champignon qui vit presque exclusivement sur l'être humain. Il serait présent mais inactif dans la flore vaginale normale. Non seulement ce champignon déclenche-t-il des inflammations et ulcères de la peau et laisse-t-il un enduit blanc assez repoussant, mais aussi produit-il des toxines qui se disséminent dans le corps, causant de multiples troubles, mais surtout supprimant le système immunitaire. Pour contrôler ce champignon, on donne de la nystatine ou du kétoconazole et un régime alimentaire exempt d'hydrates de carbone et d'aliments contenant de la levure et des champignons.

Les psychotropes

Nous voulons discuter ici d'un aspect important du traitement du SPM. Beaucoup de médecins se sentent mal à l'aise de prescrire des psychotropes, ne sachant ni quel médicament ni quelle dose administrer. Comme les symptômes émotionnels (surtout l'anxiété et la dépression) sont particulièrement incommodants pour les personnes qui souffrent de cette maladie, des anxiolytiques (qui combattent l'angoisse et l'anxiété) et des antidépresseurs (qui combattent la dépression) sont parfois prescrits. Voici quelques mots sur différents psychotropes qui sont en voie d'investigation.

- ***L'alprazolam***

On rapporte[42] le cas d'une femme souffrant de SPM, n'ayant aucun symptôme psychotique, anxiété ou trouble dépressif ou bipolaire majeur, traitée sans succès avec du diazépam, de l'acétaminophène et de l'hydrochlorthiazide. Avec son consentement, on lui a administré 0,25 mg d'alprazolam, une benzodiazépine, par voie orale, deux fois par jour. En moins de 3 jours, tous les symptômes avaient disparu. Une thérapie d'alprazolam, pris pendant 7 jours, dès que commençaient les symptômes et continuée durant 6 mois a complètement contrôlé le SPM pendant ces 6 mois, date de la publication de l'article.

L'efficacité de l'alprazolam serait peut-être reliée à son activité d'anxiolytique et d'antidépresseur.

- ***le lithium***

Des études à double insu n'ont pas démontré que le lithium était un traitement efficace du SPM. Toutefois, les femmes souffrant du SPM, ayant une histoire familiale de maladie affective, pourraient bénéficier de ce traitement.

---

[42] FREINHAR, Jack P. "*Alprazolam and premenstrual syndrome*" [L'alprazolam et le syndrome prémenstruel], *Journal of Clinical Psychiatry* [Journal de psychiatrie clinique], vol. 45, n° 12, décembre 1984, p. 526.

- ***les antidépresseurs***

Aucune étude bien contrôlée sur les antidépresseurs (tricycliques ou inhibiteurs de la monoamine oxydase {IMAO}) n'a été publiée à ce jour. De nombreuses études de cas semblent cependant mettre en évidence l'action particulièrement efficace des antidépresseurs agissant sur la sérotonine. Certains chercheurs croient que le SPM serait une forme atypique de dépression.

- ***la fluoxétine***

  La fluoxétine semble un traitement efficace, mais nous devrons attendre qu'une étude scientifique à double insu soit complétée pour affirmer que ce médicament est un traitement de choix.

- ***le buspirone***

  Le buspirone a l'avantage d'être un traitement contre l'anxiété chronique tout en possédant des activités d'antidépresseurs. Ce médicament ne crée pas d'accoutumance comme les autres anxiolytiques puisqu'il n'est pas une benzodiazépine.

- ***la nortriptyline***

  Récemment, une étude pilote a démontré l'efficacité de la nortriptyline (antidépresseur agissant principalement sur la noradrénaline), remettant en cause le rôle prépondérant de la sérotonine dans l'étiologie du SPM.

La psychothérapie

Environ 50 % des femmes atteintes du SPM peuvent être améliorées par une psychothérapie de soutien. Actuellement, on peut considérer la psychothérapie comme une aide appréciable dans le traitement du SPM, mais elle apparaît insuffisante dès qu'il atteint une certaine gravité.

Le placebo

Le placebo, pseudo médicament ne contenant que du sucre, s'est avéré efficace dans 50 % des cas.

L'ovariectomie

En dépit d'une ovariectomie bilatérale (enlèvement des ovaires), avec ou sans hystérectomie (enlèvement de l'utérus), les symptômes du SPM persistent. Cette observation suggère que chez certaines femmes, la nature cyclique du SPM peut tenir son origine de facteurs extraovariens et extrautérins.

Aucun traitement ne s'est montré efficace à 100 % jusqu'à présent. Certains traitements proposés ont une activité insuffisamment démontrée : psychotropes, vitamines, inhibiteurs de la synthèse des prostaglandines, contraceptifs oraux. D'autres ne représentent qu'une thérapeutique partielle : diurétique (prise de poids, gonflements), bromocriptine et danazol (mal de seins). Les progestérones occupent cependant une place à part, car elles visent à corriger le faible taux de progestérones à la fin de la phase lutéale.

Même s'il existe un grand nombre de théories concernant le SPM, la cause de cette condition et conséquemment son traitement restent confus.

Conclusion

Le SPM est probablement une entité clinique ayant de multiples causes. Même si la nature exacte de ce syndrome demeure ésotérique, cela ne signifie pas que nous ne pouvons pas aider les femmes en étant incommodées. Nos connaissances augmentent et nos approches thérapeutiques deviennent plus rationnelles et efficaces.

Il est raisonnable de penser qu'il existe une relation causale entre le SPM et une anomalie de l'axe hypothalomohypophysoovarien. Toutefois, l'énigme n'est pas résolue. Il semble que des troubles névrotiques ne soient pas un facteur de causalité du SPM.

La rétention d'eau et de sel accompagnant le SPM dans plus de 50 % des cas est un phénomène inexpliqué. Bien qu'aucune surabondance d'aldostérones n'ait été prouvée, l'administration d'un diurétique antagoniste de l'aldostérone donne de meilleurs résultats thérapeutiques que les autres types de diurétiques.

Même si la prolactine a un effet sur le métabolisme eau-minéraux, il n'y a pas de surabondance de prolactine dans le sang. Les effets thérapeutiques de la bromocriptine sont accompagnés par la tension des seins accompagnant le SPM dans 80 % des cas.

Des études endocriniennes ont démontré qu'un apport d'œstrogènes, particulièrement en fin de cycle menstruel, aggrave cette maladie. Par contre, des études contrôlées indiquent que l'administration de progestérones ou de leurs dérivés synthétiques peut entraîner une amélioration du SPM.

Pendant les dernières années, la recherche a permis d'établir une relation possible entre le SPM et les troubles affectifs majeurs. En attendant que les chercheurs découvrent un traitement efficace, les cliniciens devraient prendre les attitudes suivantes :

1. établir la nature cyclique des symptômes
2. renseigner la femme sur la relation existant entre les symptômes et le cycle menstruel
3. identifier les facteurs aggravants (problèmes de vie à deux, problèmes familiaux, sociaux, professionnels, financiers et autres
4. recommander un régime équilibré, enseigner la relaxation, conseiller les exercices physiques et l'approche biopsychosociale, car ces bonnes habitudes aident à réduire l'intensité des symptômes.

GLOSSAIRE

Adrénaline : amine ayant un effet sur l'anxiété.

Aménorrhée : absence de saignement menstruel.

Antispasmodique : médicament qui combat les spasmes et les convulsions.

Chromosomes : petits bâtonnets sur lesquels sont greffés des substances : les gènes ; ces derniers peuvent se regrouper jusqu'à mille sur un seul chromosome ; ce sont ces minces filaments dits gènes qui déterminent les traits physiques du fœtus ; la manière dont se déroule la reproduction est orchestrée par un jeu d'hormones très précis.

Clitoris : petit organe érectile de la vulve ; de la grosseur d'un pois, il comprend une tête et un gland ; le gland est mobile et peut connaître une érection lors de l'excitation sexuelle ; il est situé au haut des lèvres.

Col de l'utérus : ouverture de l'utérus, donnant sur le vagin.

Contraception : planification des naissances en empêchant la procréation.

Corps jaune : glande issue de la transformation du follicule, sac où se trouve l'ovule avant sa libération ; glande endocrine temporaire et cyclique se caractérisant par la présence de cellules jaunes à lutéine ; cette glande temporaire sécrète des progestérones.

Cycle menstruel : cycle de fertilité de la femme ; il débute le premier jour des menstruations ; règle générale, la femme a un cycle menstruel de 28 jours, mais il peut varier de ± 21 à ± 35 jours ; l'ovulation se produit toujours ± 14 jours avant le début des menstruations suivantes ; la période pendant laquelle la femme est fertile s'étend donc, la plupart du temps, du 10e au 17e jours.

Diurétique : médicament qui augmente l'émission de l'urine.

Dopamine : amine équilibrant l'effet de l'adrénaline, la noradrénaline et la sérotonine en favorisant la relaxation et la vivacité mentale accrue.

Dysménorrhée : menstruation difficile et douloureuse.

Dysphorie : instabilité de l'humeur accompagnée de malaises, anxiété et réactions coléreuses fréquentes.

Échographie : genre de radiographie permettant de voir les ovaires, l'utérus et le fœtus.

Endomètre : muqueuse interne de l'utérus.

Excrétion : évacuation à l'extérieur d'une glande.

Fibromes utérins : tumeurs non cancéreuses de l'utérus.

FSH : hormone folliculostimulante : produite par l'hypophyse, elle indique à l'ovaire le temps de maturation de l'ovule.

Glycogène : substance que forme le sucre accumulé dans le foie.

Gonadotrophine : toute hormone agissant sur le développement et l'activité des gonades.

Hormones : messagers chimiques produits par certaines glandes, ils contrôlent les fonctions des organes ; ils font partie du système endocrinien.

Hymen : mince membrane recouvrant partiellement l'ouverture vaginale.

Hypoglycémie : manque de sucre dans l'organisme.

Hypophyse : glande pituitaire vitale pour la croissance, la maturation et la fonction de reproduction ; elle est stimulée par le cerveau pour libérer certaines hormones qui, à leur tour, stimulent les ovaires.

Hypothalamus : région du cerveau qui contrôle plusieurs processus vitaux dont certains sont reliés au système nerveux autonome.

Hystérectomie : ablation chirurgicale de l'utérus.

Hystérique : personne se caractérisant par des réactions émotives versatiles, de la suggestibilité, de l'impulsivité, de la recherche d'attention, de l'immaturité et une préoccupation marquée de soi-même.

Hystérosalpingotomie : ablation chirurgicale de l'utérus et des trompes.

Hystérotomie : enlèvement de ce qui est contenu dans l'utérus.

Labilité émotionnelle : états émotifs très changeants.

Lèvres : il y en a deux sortes, les grandes et les petites ; les grandes lèvres se composent de peau à l'extérieur et de muqueuse à l'intérieur ; les petites lèvres sont moins externes et plus minces que les grandes lèvres ; elles abritent de nombreux vaisseaux sanguins et terminaisons nerveuses ; lors de l'excitation sexuelle, les vaisseaux se remplissent de sang et les lèvres gonflent et deviennent rouge foncé.

LH : hormone lutéinisante : produite par l'hypophyse, elle indique à l'ovaire le temps de libération de l'ovule.

Libido : pulsion sexuelle.

Maladie fibrokystique : présence de bosses non cancéreuses dans des seins : les seins.

Mammographie : radiographie des seins.

Mastite : inflammation des seins.

Ménarche : apparition des premières menstruations.

Ménopause : fin de l'activité ovarienne et arrêt des menstruations.

Ménorragie : menstruations abondantes et prolongées.

Menstruations : écoulement d'un liquide sanglant incoagulable, composé de sang, d'électrolytes, de cellules diverses et de fragments de tissus, de graisses et de prostaglandines, provenant de la désintégration de la surface de la membrane de l'endomètre ; (règles, menstrues, saignée, période, mauvaise période, etc.).

(Être menstruée) : (être malade, être indisposée, avoir sa période, voir rouge, etc.).

Métrorragie : hémorragie de l'utérus entre les menstruations ou après la ménopause, indépendamment de toute menstruation.

Nidation : implantation de l'ovule dans la muqueuse utérine.

Noradrénaline : amine ayant un effet sur l'hostilité et l'irritabilité.

Oedème : eau accumulée dans les tissus.

Oestrogènes : hormones sexuelles féminines provenant des ovaires et participant au développement du follicule et à l'épaississement de l'endomètre.

Ostéoporose : décalcification et raréfaction des os.

Ovaires : les deux glandes de reproduction de la femme situées près des trompes de Fallope ; elles produisent deux hormones féminines : les œstrogènes et les progestérones, qui contrôlent le développement des seins, le cycle menstruel ainsi que la préparation et le soutien nécessaire à la grossesse ; elles contiennent les milliers d'ovules qui mûrissent, un par mois, et sont éjectés dans une trompe de Fallope, ce qui constitue l'ovulation.

Ovulation : libération de l'ovule qui sort de son follicule.

Ovule : cellule reproductrice de la femme ; il est rond et mesure 0,2 mm, soit quatre fois la longueur d'un spermatozoïde ; c'est la plus grande cellule du corps humain ; elle existe en grand nombre chez la petite fille dès sa naissance ; à partir de la puberté, un ovule est émis à chaque mois ; ce phénomène ne se produit pas nécessairement dès que les menstruations deviennent régulières mais plutôt lorsque le système de reproduction atteint sa maturité.

Pathologique : relatif à la maladie ; dénotant un trouble de santé ; (malade).

Pavillon : partie évasée de l'oviducte.

Phase lutéale : phase qui suit l'ovulation.

Phase lutéale tardive : vers la fin de la phase qui suit l'ovulation.

Phase folliculaire : phase qui précède l'ovulation.

Préménopause : période précédant la ménopause.

Progestérones : hormones sexuelles féminines provenant des ovaires et du corps jaune : elles préparent l'utérus à recevoir un ovule fertilisé.

Progestine : substances hormonales chimiques synthétisées ressemblant à la progestérone.

Prolactine : hormone lutéotrope qui favorise la croissance des seins, la fabrication du lait et qui jouerait un rôle dans la sécrétion de la progestérone.

Prostaglandines : substances ayant une action contraceptive.

QSPM : questionnaire des symptômes prémenstruels.

Röntgenthérapie : thérapie par administration de rayons Röntgen : on dit aussi radiothérapie.

Sérotonine : amine ayant un effet sur la tension nerveuse, l'assoupissement, la rétention d'eau, les troubles de concentration et les troubles de performance.

Somatopsychique : touchant à la fois le corps et l'esprit.

Spermatozoïde : cellule reproductrice de l'homme, composée d'un noyau et d'un long filament ; dès que le jeune homme atteint sa maturité pubertaire, les testicules produisent des spermatozoïdes.

Sperme : liquide blanchâtre, contenant des sécrétions et spermatozoïdes, émis par éjaculation du pénis.

SPM : syndrome prémenstruel.

SPM-A : tension prémenstruelle-anxiété *(PMT-A : Premenstrual Tension-A {ou Anxiety})*.

SPM-H : tension prémenstruelle-hyperhydratation, c.-à-d. trop d'eau dans les tissus (*PMT-H : Premenstrual Tension-H* {ou *Hyperhydration*}).

SPM-C : tension prémenstruelle-hydrates de carbone (*PMT-C : Premenstrual Tension-C* {ou *Carbohydrates*}).

SPM-D : tension prémenstruelle-dépression (*PMT-D : Premenstrual Tension-D* {ou *Depression*}).

Testicules : glandes génitales de l'homme qui produisent des spermatozoïdes.

Trompes de Fallope : deux conduits reliant l' utérus et les ovaires et servant à acheminer les ovules jusqu'à l'utérus ; c'est dans une trompe de Fallope qu'un spermatozoïde vient féconder un ovule.

Unités-souris : ancienne unité de standardisation des œstrogènes, actuellement abandonnée puisque ceux-ci sont maintenant obtenus par synthèse et peuvent être dosés ; l'unité-souris était la plus petite quantité de l'hormone (œstrogène ou hormone féminine) produisant l'œstrus (période de rut {activité sexuelle de l'animal} correspondant à l'ovulation pendant laquelle une femelle est fécondable) qui causait chez la souris ovariectomisée (dont on avait enlevé les ovaires) un changement caractéristique de l'épithélium vaginal.

Utérus : organe génital de la femme ; muscle creux servant à contenir l'œuf fécondé pendant son développement et à l'expulser à la fin de la grossesse ; il se relie, à sa partie supérieure, aux trompes de Fallope.

Vagin : organe génital de la femme donnant accès au col de l'utérus ; il peut s'agrandir en hauteur et en profondeur ; il est tapissé d'une muqueuse plissée qui s'étire au besoin pour le passage d'un nouveau-né ou se rétrécit selon la grosseur du pénis qui y pénètre.

Vasopressine : hormone antidiurétique qui diminue le flot sanguin utérin par l'action vasoconstrictive directe sur les vaisseaux utérins.

Vulve : extérieur des parties génitales féminines ; elle est recouverte de poils.

BIBLIOGRAPHIE

ABRAHAM, Guy E. *Premenstrual blues,* Optimox Corporation, Torrance CA, 1989.

ABRAHAM, Guy E. "Premenstrual tension," *Current Problems in Obstetrics and Gynecology,* vol. 3, n° 12, août 1980.

ABRAHAM, Guy E. "Nutritional factors in the etiology of the premenstrual syndrome", *The Journal of Reproductive Medicine*, vol. 28, n° 7, juillet 1983, p. 446 à 565.

AMERICAN PSYCHIATRIC ASSOCIATION. *Diagnostic and Statistical Manual of Mental Disorders-IIIrd Edition-Revised*, American Psychiatric Association, Washington, 1987.

BERGERON, Richard. *Le syndrome prémenstruel,* document inédit, 1990.

BISKIND, Morton. "Nutritional deficiency in the etiology of menorrhagia, metrorrhagia, cystic mastitis, and premenstrual tension ; treatment with vitamin B complex", *The Journal of Clinical Endocrinology and Metabolism*, vol. 3, n° 4, avril 1943, p. 227 à 234.

BISKIND, Morton S., BISKIND, Gerson R. et BISKIND, Leonard H. "Nutritional deficiency in the etiology of menorrhagia, metrorrhagia, cystic mastitis, and premenstrual tension", *Surgery, Gynecology and Obstetrics*, vol. 78, n° 1, janvier 1944, p. 49 à 57.

BRAHAMS, Diana. "Premenstrual tension and criminal responsibility", *The Practioner*, vol. 227, n° 1379, mai 1983, p. 807 à 813.

BRUNETTI, Louis L. et TAFF, Mark L. "The premenstrual syndrome", *The American Journal of Forensic Medicine and Pathology*, vol. 5, n° 3, septembre 1984, p. 265 à 268.

COOKE, Willard, R. Presidential address: "The differential psychology of the American woman", *American Journal of Obstetrics and Gynecology*, vol. 49, n° 4, avril 1945, p. 457 à 472.

d'ORBAN, Paul T. "Premenstrual syndrome: A disease of the mind?", *The Lancet*, vol. II pour 1981, n° 8260-8261, 19-26 décembre 1981, p. 1413.

DALTON, Katharina. *The Premenstrual Syndrome*, William Heinemann, 1964.

DALTON, Katharina. *The Premenstrual Syndrome and Progesterone Therapy*, William Heinemann, 1984.

DELAGE, Jocelyne et RENÉ, Pierre. *Les MTS*, Éditions Héritage, Saint-Lambert, 1989.

DELAGE, Jocelyne et TESSIER, Dominique. *La contraception*, Éditions Héritage, Saint-Lambert, 1988.

FRANK, Robert T. "The hormonal causes of premenstrual tension", *Archives of Neurology and Psychiatry*, vol. 26, 1931, p. 1053 à 1057.

FREINHAR, Jack P. "Alprazolam and premenstrual syndrome", *Journal of Clinical Psychiatry*, vol. 45, n° 12, décembre 1984, p. 526.

GRAY, Laman A. "The use of progesterone in nervous tension states", *Southern Medical Journal*, vol. 34, n° 9, 1941, p. 1004 à 1006.

GREENE, Raymond et DALTON, Katharina. "The Premenstrual Syndrome", *British Medical Journal*, vol. 1, n° 4818, 9 mai 1953, p. 1007 à 1013.

KEYE, William R. et TRUNNELL, Eric. "A Biopsychosocial Model of Premenstrual Syndrome", *International Journal of Fertility*, vol. 31, n° 4, 1986, p. 259 à 262.

LAMONTAGNE, Yves et DELAGE, Jocelyne. *La dépression,* Éditions La Presse, Montréal, 1987.

LOWNDES SEVELY, Josephine. *Eve's Secrets: A New Theory of Female Sexuality,* Random House, New York, 1987.

MEEHAN, Eugene et MacRAE, Katherine. "Legal implications of premenstrual syndrome: A Canadian perspective", *Canadian Medical Association Journal*, vol. 135, n° 6, décembre 1986, p. 601 à 608.

MORTON, JOSEPH, H. "Premenstrual tension", *American Journal of Obstetrics and Gynecology*, vol. 60, n° 2, août 1950.

MORTON, J.H., ADDITION, H., ADDISON, R.G., HUNT, L. et SULLIVAN, J.J. "A clinical study of premenstrual tension", *American Journal of Obstetrics and Gynecology*, vol. 65, nº 6, juin 1953, p. 1182-1191.

OLECK, Howard L. "Legal aspects of premenstrual tension", *International Record of Medicine and General Practice Clinics*, vol. 166, nº II, 2849, novembre 1953, p. 492 à 501.

REES, Linford. "The premenstrual tension syndrome and its treatment", *British Medical Journal*, vol. 1, nº 4818, mai 1953, p. 1014 à 1016.

REID, Robert L. et YEN, S.S.C. "Premenstrual syndrome", *American Journal of Obstetrics and Gynecology*, vol. 139, nº 1, janvier 1981, p. 85 à 104.

STAGE, S. *Female Complaints : Lydia Pinkham and the Business of Women's Medicine,* W.W. Norton, New York, 1979.

VERREAULT, Richard, LAMONTAGNE, Yves et DELAGE, Jocelyne. *L'industrie des psychothérapies,* Éditions La Presse, Montréal, 1986.

WIDHOLM, Olof et KANTERO, Riitta-Liisa. "A statistical analysis of the menstrual patterns of 8,000 Finnish girls and their mothers", *Acta Obstetricia et Gynecologica Scandinavica*, suppl. 14, 1971, p. 3 à 36.

ADRESSES UTILES

Cliniques de traitement du syndrome prémenstruel

La clinique de SPM
Centre hospitalier Pierre-Janet
20, rue Pharand
Hull, Québec
J9A 1K7
(819) 776-8093

La clinique de SPM
Centre hospitalier Saint Mary's
3830, rue Lacombe
Montréal, Québec
H3T 1M5
(514) 344-3294

Dr Pierre Dupont
Centre hospitalier de l'Université Laval
2705, boul. Laurier
Sainte-Foy, Québec
GIV 4G2
(418) 654-2295

La clinique de SPM
CLSC métro
1550 ouest, boul. de Maisonneuve
Montréal, Québec
H3G 1N2
(514) 934-0354

Dr Geneviève Dechesne
CLSC Verdun-Côte-Saint-Paul
1090, av. de l'Église (pour les gens du secteur)
Verdun, Québec
H4G 2N5
(514) 766-0546

Dr Édith Guilbert
Clinique de planification des naissances
Centre hospitalier de l'Université Laval
2705, boul Laurier
Sainte-Foy, Québec
G1V 4G2
(418) 654-2167

La clinique de SPM
Hôpital général de Montréal
1650, avenue Cedar
Montréal, Québec
H3G 1A4
(514) 937-6011, poste 4289

Dr Suzy Ouellet
Département de gynécologie
Hôpital de l'Enfant-Jésus
1401, 18e Rue
Québec, Québec
G1J 1Z4
(418) 649-0252

Dr Lucie Vaillancourt
Hôpital Saint-François d'Assise
10, rue de l'Espinay
Québec, Québec
G1L 3L5
(418) 525-4397

Notes

Notes

Notes

Notes

Notes

Achevé d'imprimer
en mars 1991
MARQUIS
Montmagny, QC